L'ART DU SMALL TALK

———◆———

Guide pratique pour les introvertis afin de vaincre
leurs peurs et communiquer facilement.

Comment créer des liens instantanés
et une impression positive ?

Gerard Shaw

TABLE DES MATIÈRES

INTRODUCTION

Qu'est-ce qui suit le premier « Bonjour » ?

Laissez-moi réfléchir à ce que vous pensez des *small talks* : vous les détestez. Si vous lisez ce livre, et que vous êtes comme moi, le *small talk* n'est pas ce que vous préférez. Je suis un homme qui a lutté contre ce problème depuis toujours. La bonne nouvelle est que nous ne sommes pas les seuls.

Parmi les célébrités les plus connues, certaines ont du mal avec ce type de conversation. La joueuse de tennis professionnelle, Naomi Osaka, est l'une d'entre elles. Comme cette dernière, vous vous sentez peut-être anxieux et vous évitez les relations sociales. Et, c'est normal.

Il est légitime d'être maladroit en matière de *small talk*, tout comme Naomi, mais il n'est pas souhaitable de le demeurer indéfiniment. Comme je l'ai fait, vous devez surmonter vos peurs. Vous pouvez considérer le *small talk* comme une compétence de vie qui présente d'immenses avantages, et que vous ne pouvez pas vous permettre de négliger. Cette aptitude est essentielle pour vous aider à créer des amitiés et des relations. C'est pour cette raison que j'ai écrit ce livre.

Contrairement aux ouvrages axés sur des stratagèmes et n'offrant que peu de conseils pratiques, ce livre est orienté vers le concret. Il n'y a pas de *gadget*. Les conseils sont *réels, applicables* et vous permettront d'*améliorer* vos compétences en matière d'expression orale.

De plus, je suis convaincu que le processus vous plaira.

Pensez à votre jeunesse et tentez de vous souvenir des gestes que vous accomplissiez sans effort. Dans la plupart des cas, vous accomplissiez ces actions par pur plaisir. Si vous mettez de côté le fardeau de la perfection et découvrez la simplicité du *small talk*, vous vous améliorerez sans aucun doute.

La réalité est que le *small talk* est essentiel, et qu'il constitue la première étape de la plupart de nos interactions sociales. C'est la toute première phase d'un entretien d'embauche, d'une relation amoureuse, de la création de liens importants et de conversations exceptionnelles. Elle peut même vous permettre d'augmenter vos ventes, si c'est votre domaine d'activité.

Le monde est fait de conversations ! Les êtres humains sont des créatures sociales. Nous avons tous besoin de relations et d'un sentiment d'appartenance, et il en a toujours été ainsi.

Pourtant, d'une manière ou d'une autre, l'isolement et la solitude sont très répandus dans la société d'aujourd'hui. Le problème tient en partie au fait que, aussi interreliés que nous soyons, nous avons perdu l'art du *small talk*. Si vous parvenez à surmonter la difficulté de tenir ce type de conversation, vous pourrez observer le pouvoir des interactions humaines dans un monde interconnecté.

Après avoir lu ce livre, et c'est ce que j'espère, vous *pourrez* surmonter ce défi, et vous *le ferez*. En conséquence, vous pourrez peut-être vous lancer à la poursuite de la carrière de vos rêves, ou trouver enfin le courage d'inviter cette personne qui a attiré votre attention.

Ce livre a été conçu pour vous permettre de créer des amitiés plus authentiques et plus épanouissantes. Cependant, pour profiter de tous ces avantages, vous devez être engagé à vous y investir. Soyez déterminé à vous lancer dans la lecture de ce livre, et à mettre en pratique les idées qu'il contient.

Malgré la difficulté de parler avec de parfaits inconnus, c'est exactement ce que ce livre vous apprendra à accomplir. Il se peut que ce soit douloureux, mais rappelez-vous l'adage : « On ne gagne rien, sans rien » et, bien sûr, « c'est en forgeant qu'on devient forgeron ». Au-delà des clichés, c'est la réalité. Le chemin qui mène à la maîtrise du *small talk* nécessite un peu de tourment, et beaucoup d'entraînement. Ne vous inquiétez pas. Je suis là pour rendre le processus aussi facile que possible.

Êtes-vous timide ? Ou peut-être, socialement maladroit ? Oubliez ce fait et lisez ce qui suit.

Je n'insisterai jamais suffisamment sur ce point. Ce guide est axé sur l'*action*. Vous devez entreprendre des mesures pour améliorer votre aptitude face au *small talk*. Il n'y a pas de raccourcis. Les formules miracles ne fonctionnent pas.

Alors, qu'est-ce qui suit le premier « Bonjour » ?

CHAPITRE UN
Qu'est-ce que le *Small Talk* ?

Nous commencerons notre exploration par la base du discours : la définition du «*small talk*». Nous fonderons celle-ci sur une simple question : qu'est-ce que le *small talk* ?

Il s'agit d'une conversation légère et informelle, couramment utilisée lorsque vous parlez à quelqu'un que vous ne connaissez pas vraiment. C'est également un moyen de converser lors d'événements sociaux, et de réseautage afin de créer des liens avec de nouvelles personnes.

Je veux que vous sachiez tout ce qui a trait au *small talk* lorsque vous aurez terminé la lecture de ce livre, alors ne laissons rien au hasard.

Dans ce chapitre, je vais décomposer l'idée du *small talk* en ses éléments les plus concrets. Vous vous livrerez également à un exercice qui exigera que vous repériez les erreurs d'un petit échantillon de conversation et que vous les corrigiez.

Jusqu'à présent, notre définition du *small talk* est plutôt particulière. Elle est, en fait, plus large que je ne l'ai suggérée. Le *small talk* ne concerne pas uniquement les interactions directes, car nous vivons dans un monde numérique. Ce style de conversation s'applique également à la communication par des moyens numériques, tels que les plateformes de messagerie en ligne. Par exemple, lorsque vous discutez avec quelqu'un pour la première fois sur *WhatsApp*, lorsque vous envoyez un courriel de vente ou lorsque vous discutez en direct avec un représentant du service à la clientèle, il s'agit d'une forme de *small talk*.

Considérez ce dialogue comme un rituel de rapprochement, et une stratégie de gestion de la distance interpersonnelle. En discutant brièvement, les gens peuvent maintenir un comportement positif avec les autres, tout en se connectant entre eux dans une approche chaleureuse.

Êtes-vous un professionnel? Êtes-vous chef d'entreprise ou gestionnaire? Que vous soyez étudiant ou non, tant que vous côtoyez des gens, vous devrez développer vos compétences en matière de *small talk*. Comment avez-vous noué des liens d'amitié avec votre *meilleur ami* actuel? Vous l'avez probablement rencontré au hasard, vous vous êtes regardés pendant un moment, puis l'un d'entre vous a entamé un *small talk*.

Aujourd'hui, vous bénéficiez de la compagnie de cet ami, et d'autres personnes extraordinaires parce que, à un moment donné, vous leur avez tendu la main. Au-delà des relations sociales, le *small talk* est une compétence professionnelle importante qui constitue la première étape de l'établissement d'une relation avec des collègues.

Le *small talk* est le point de départ d'une conversation amicale, et il y a une façon appropriée de s'y engager. L'une des principales raisons pour lesquelles certaines personnes hésitent à s'engager dans un *small talk* est qu'elles n'utilisent pas la méthode appropriée. Ne vous inquiétez pas si vous avez déjà hésité, vous êtes en plein apprentissage, et vous deviendrez un expert en la matière, alors poursuivez votre lecture.

Une chose est certaine, bon nombre de vos amitiés n'auraient pas abouti si vous n'aviez pas utilisé la bonne méthode. L'ennemi du *small talk* est le silence gênant qui s'ensuit lorsque la situation se présente de façon défavorable, par exemple lorsque l'on aborde un sujet controversé. En d'autres termes, nous devons élargir notre définition du *small talk* en indiquant ce qui *n'en* fait *pas* partie.

Pour réussir dans ce domaine, vous devez vous familiariser avec ce que l'on attend de vous, et ce qui est à proscrire. Je ne dis pas que vous devrez mémoriser les notions. Il ne s'agit pas d'un examen. Au contraire, vous devez vous familiariser avec l'étiquette du *small talk*, le pratiquer intentionnellement et il vous semblera naturel lorsque vous converserez.

Les Erreurs à Éviter

Examinons quelques-unes des maladresses du *small talk* à éviter lorsque vous conversez.

Poser des Questions qui Dépassent le Cadre du Lieu où se Déroule la Conversation

N'oubliez pas que le *small talk* se déroulera probablement à l'occasion d'un événement ou dans un lieu qui vous est étranger. Lorsque vous venez de rencontrer une personne, vous ne devriez pas dépasser vos limites en lui parlant d'un autre endroit. Par exemple, si vous allez chercher votre enfant à l'école, et que vous rencontrez un autre parent durant une causerie de *small talk*, limitez la conversation au cadre de l'école.

Il se peut que vous croisiez à nouveau ce parent, ou que vous le rencontriez ailleurs, vous pourrez alors élargir le champ de la conversation. L'idée du *small talk* est d'établir des liens d'amitié, sans avoir à divulguer de nombreuses informations.

Si vous parlez à quelqu'un pour la première fois dans le cadre du travail, essayez de limiter les conversations relatives à l'espace de travail. En prenant cette initiative, vous éviterez les pauses gênantes, et resterez maître de la conversation.

Discuter du Revenu des Employés au Travail

Dans un environnement professionnel, les gens sont toujours curieux de connaître les revenus que gagnent leurs collègues. C'est pourquoi certaines personnes tentent d'obtenir des informations en posant des questions indirectes lors d'un *small talk*.

Évitez ce piège! Du moins, ne tentez pas ce type de discussion dans une culture où ce n'est pas une norme acceptable, comme c'est le cas par exemple dans la culture américaine. Ces informations sont souvent d'ordre personnel. Il convient de faire preuve de discrétion, jusqu'à ce que l'amitié soit plus solidement établie. Si la rémunération est évoquée lors d'un *small talk*, ne posez pas de questions personnelles sur le salaire d'une autre personne.

Offrir des Conseils Non Sollicités

Cette erreur se produit généralement après que votre interlocuteur s'est exprimé et, sans qu'il vous l'ait demandé, vous lui prodiguez des conseils ou des suggestions.

Par exemple, si votre interlocuteur vous complimente sur votre apparence en vous disant que vous semblez en forme et en bonne santé, ne lui suggérez pas de s'inscrire à votre centre de remise en forme, parce que vous estimez qu'il en aurait grandement besoin. Cet exemple illustre bien l'importance de ne pas faire de suggestions inhabituelles, car dans certains cas, elles pourraient être considérées comme offensantes.

Si vous recevez un compliment au cours d'un *small talk*, acceptez-le gracieusement, et passez à l'idée suivante. Si la personne vous demande un conseil, vous pouvez le lui donner, mais dans ce cas, vous devez le faire poliment, et aller droit au but.

Poursuivre une Conversation Malgré le Manque d'Intérêt de votre Interlocuteur

Nous avons tous un ami qui peut parler longuement d'un sujet, même si nous ne sommes pas vraiment concernés. Ce trait de caractère a également tendance à affecter la fluidité d'un *small talk*.

Si votre interlocuteur n'est plus intéressé par le propos, passez à un autre sujet, ou mettez fin à la conversation! Alors, comment savoir à quel moment il convient de mettre un terme à une conversation?

Si la personne était enthousiaste lorsqu'elle parlait du café servi et qu'elle perd son intérêt lorsque la question du mobilier de bureau est abordée, c'est un signe qu'elle n'ait pas envie de parler de mobilier de bureau. Lisez la pièce. Si, soudainement, une personne ne répond plus que par un signe de tête, et que vous êtes confronté à un silence gênant, il est temps de discuter d'un autre thème.

Ne Pas Prendre Conscience que la Conversation Est sur le Point de se Terminer

Comme vous le découvrirez dans le petit échantillon de *small talk* que nous examinerons ultérieurement, l'une des principales erreurs commises par les gens est de ne pas saisir le signal indiquant que l'autre personne souhaite mettre fin à la conversation. Par exemple, si un individu est trop occupé ou doit se rendre quelque part, il le montrera souvent en tapant du pied, en regardant l'heure ou en se dirigeant vers la porte la plus proche.

Dans un chapitre subséquent, nous aborderons le langage corporel et la communication non verbale. Avant d'en arriver là, vous devez comprendre que lorsque votre interlocuteur souhaite mettre fin à la conversation, il vous en donne l'indication, et vous devriez terminer la conversation à ce moment-là.

Donner son Avis sur des Sujets Controversés

Le fait de donner votre avis sur des sujets controversés peut devenir une arme à double tranchant. Si vous et votre interlocuteur partagez des points de vue similaires, les sujets controversés pourraient vous permettre de nouer rapidement des liens d'amitié. En revanche, si cette personne a des opinions opposées aux vôtres, vous risquez de susciter de l'animosité ou de provoquer un conflit. Il est préférable d'éviter les sujets polémiques, tels que la politique, si vous ne connaissez pas les positions de l'autre personne.

Si quelqu'un insiste sur un sujet litigieux, trouvez un moyen d'orienter prudemment la conversation vers un sujet plus neutre. Vous éviterez ainsi de faire mauvaise impression.

Donner ou Demander des Informations Privées

Les informations personnelles sur votre vie ou sur celle de votre interlocuteur ne sont pas idéales pour un *small talk*. En particulier, si vous parlez avec cette personne pour la première fois, pensez-vous qu'elle sera enthousiaste à l'idée de partager des informations délicates avec vous ?

Comme il ne vous est pas conseillé de partager de telles informations, ne mettez pas l'autre personne dans une situation inconfortable en lui posant ce type de question. Il s'agit de modestes conversations ! Ce n'est pas un interrogatoire ou un moyen d'obtenir les secrets d'une personne, alors soyez concis et simple.

Pour illustrer tout ce que nous avons évoqué jusqu'à présent, voici un exemple de *small talk* entre deux personnes dans un cadre professionnel.

Veuillez prêter attention au débit des mots et observez comment ils communiquent entre eux. Nous discuterons de ce qui est approprié et inapproprié dans ce dialogue à l'aide de l'exemple.

Après en avoir identifié les erreurs, je vous indiquerai la meilleure façon dont cette conversation aurait pu se dérouler.

Exemple

Femme : Bonjour.

Homme : Bonjour, je ne vous ai jamais vue auparavant. Travaillez-vous ici depuis longtemps ?

Femme : Non, je suis là depuis quelques mois seulement. Je travaille dans le département des ressources humaines.

Homme : Vous devez gagner plus d'argent que moi. Je suis dans le département des ventes.

Femme : La vente est un travail passionnant.

Homme : C'est bien. Vous semblez avoir besoin d'un café.

Femme : Oui, la semaine a été mouvementée.

Homme : À qui le dites-vous ? Au moins, le week-end s'annonce agréable.

Femme : Oui, j'ai appris que les prévisions annonçaient un ciel clair.

Homme : Avez-vous regardé le match d'hier soir ?

Femme : Non, je travaillais tard.

Homme : C'était un bon match. Nous avons gagné.

Femme : Je ne sais même pas qui jouait. Je ne suis pas une fan de sport.

Homme : Les *Chiefs* ! Pensez-vous qu'ils se rendront jusqu'aux finales ?

Femme : Je n'en suis pas certaine. Je vais retourner à mon bureau.

Homme : En parlant de bureau, que pensez-vous du mobilier de bureau ?

Femme : C'est magnifique, mais je préférerais être payée pour mes heures supplémentaires.

Homme : Je pense que je vais rentrer chez moi plus tôt. Juste au cas où il neigerait.

Femme : Je sais. Je n'arrive pas à croire qu'il fasse si froid. J'espère que le printemps arrivera bientôt.

Homme : J'attends le printemps avec impatience.

Femme : Moi aussi ! Mon divorce va enfin être prononcé !

Remarquez combien cette conversation semble forcée et inconfortable. Avez-vous relevé certaines des erreurs dont nous avons discuté précédemment ? Si ce n'est pas le cas, vous pourriez relire l'extrait de l'entretien pour tenter de les déceler. C'est ce que nous allons faire maintenant ensemble :

- L'homme a dit : «Vous devez donc gagner plus d'argent que moi», ce qui n'est pas une remarque appropriée pour un *small talk*, car nous ne sommes pas tenus de parler de ce que les gens gagnent comme salaire au bureau.

- Une autre erreur est survenue lorsque l'homme a posé des questions sur les *Chiefs* et les finales. Il a poursuivi sur le sujet alors que la femme n'était pas intéressée.

- Avez-vous remarqué que l'homme continuait à parler du mobilier de bureau ? Il ne comprenait pas que la femme souhaitait mettre fin à la conversation.

- La femme a également commis une petite maladresse de *small talk* en mentionnant : « Se faire payer les heures supplémentaires ». Elle a ainsi donné son avis sur un sujet controversé, ce qui est inapproprié.

- La femme a évoqué son divorce. En effet, un divorce est une information privée et sensible qui ne devrait pas être partagée au cours d'un *small talk*.

Nous avons identifié les erreurs et analysé les fautes, bravo ! Maintenant, je veux vous présenter le scénario idéal d'un *small talk* à l'aide de cet exemple. Cette version corrigée vous aidera à constater la valeur de ces conversations légères lorsqu'elles sont bien menées et à comprendre comment vous pouvez les maîtriser à tout coup.

Exemple corrigé

Femme : Bonjour.

Homme : Je ne vous ai jamais vue auparavant. Travaillez-vous ici depuis longtemps ?

Femme : Non, je travaille au département des ressources humaines depuis seulement quelques mois.

Homme : Oh, c'est sûrement pour cette raison que je ne vous ai pas rencontrée auparavant. Je travaille dans le département des ventes.

Femme : La vente semble être un travail passionnant.

Homme : C'est bien. J'ai besoin d'un café, la semaine a été mouvementée.

Femme : Oui, la semaine a été mouvementée pour moi aussi.

Homme : À qui le dites-vous! Au moins, le week-end est censé être agréable.

Femme : Oui, j'ai appris que les prévisions annonçaient un ciel bleu.

Homme : Dites-moi, avez-vous regardé le match d'hier soir?

Femme : Non, je travaillais tard.

Homme : Je pense que je vais rentrer tôt à la maison aujourd'hui. Il pourrait neiger. Je ferais mieux d'y aller. À demain!

Femme : À bientôt! [1]

Ce chapitre est fondamental, car il vous a initié aux notions de base du *small talk*. Tout ce que nous apprendrons ou découvrirons dans les chapitres suivants sera lié à cette partie.

Le concept de « *small talk* » pose quelques défis! Certaines de ces difficultés sont liées à la personnalité et aux traits de caractère des individus. Dans le chapitre suivant, vous découvrirez deux de ces obstacles et apprendrez à les surmonter.

---

1   *Les extraits d'un petit échantillon de discours proviennent de English Club.com. Veuillez consulter la liste des références pour un lien direct.

CHAPITRE DEUX
Vaincre la Peur et la Timidité

Plusieurs personnes craignent véritablement de se retrouver dans des situations de *small talk*, en particulier les introvertis. Ils s'inquiètent excessivement et pensent que ce sera gênant, ennuyeux ou peut-être qu'ils ne sauront plus quoi dire lorsqu'ils entameront la conversation. Cependant, avec l'évolution du monde et la façon dont celui-ci repose essentiellement sur les interactions, éviter les *small talks* équivaut à éviter de voir les gens. Il est particulièrement difficile d'y échapper, car ils sont omniprésents. Vous ne manquerez pas de les voir et d'entamer des conversations avec eux. Les événements de réseautage, les fêtes ou les déjeuners professionnels vous donneront toujours l'occasion de faire des rencontres et d'échanger des plaisanteries.

Vous comprendrez que prendre part à un *small talk* n'est pas aussi pénible qu'il le semble. Une fois que vous aurez appris à surmonter les obstacles qui vous empêchent d'y participer, vous serez en mesure de perfectionner vos compétences et de donner une meilleure impression.

La peur et la timidité font que certaines personnes ne se sentent pas à la hauteur lorsqu'elles s'engagent dans un *small talk*. Dans ce chapitre, nous allons nous entraîner à mener une excellente conversation en commençant par surmonter certains obstacles, tels que la peur et la timidité. Vous découvrirez l'importance de la confiance en soi, la transformation de l'anxiété en enthousiasme, et la façon de vous concentrer sur le moment présent. Préparez-vous à plonger dans une certaine forme de stupeur en apprenant à vous découvrir.

Lorsqu'une personne a peur en discutant avec une autre personne, cela signifie qu'elle n'a peut-être pas confiance en elle. Cette constatation devrait vous inciter à développer votre confiance, car il s'agit d'une compétence nécessaire pour réussir un *small talk*. Nous parlerons abondamment de la confiance en soi, car il s'agit d'un facteur décisif. Mais pourquoi est-elle si cruciale ?

Pourquoi la Confiance Est-elle Essentielle ?

Votre niveau de confiance influence vos pensées, ce qui signifie qu'il peut favoriser le succès de votre *small talk* ou l'entraver. Si vous n'avez pas confiance en vous pour aborder quelqu'un, si vous avez peur de le faire, vous finirez par être ennuyeux.

Comprenez que vous êtes une personne digne d'intérêt qui a plusieurs histoires intéressantes à raconter. Parfois, le manque de confiance en soi trouve son origine dans un sentiment de dévalorisation. Lorsque nous avons l'impression de ne pas être à la hauteur, nous avons tendance à perdre confiance en nous, et c'est là que les problèmes apparaissent.

Gardez toujours ceci à l'esprit : les collègues de travail ou les autres personnes qui participent à des activités sociales cherchent simplement quelqu'un avec qui bavarder. Vous devez donc vous libérer de la pression qui vous oblige à essayer de les « impressionner ».

La confiance, c'est savoir que vous apportez une valeur à la conversation, et que vous partagez vos idées de la manière la plus articulée possible. Si votre interlocuteur a l'impression que vous n'êtes pas à l'aise, ou que vous n'avez pas confiance en vous, la conversation risque de se terminer brutalement.

Alors, comment pouvez-vous développer cette confiance lorsque vous participez à un *small talk* ?

Soyez intéressé

Pour être une personne confiante et attrayante, vous devez vous intéresser à votre interlocuteur et aux sujets que vous abordez. Cette idée n'est pas seulement un facteur de confiance en soi, elle est également essentielle pour vous aider à mener un *small talk* agréable. De plus, en manifestant de l'intérêt, vous contribuez à renforcer la confiance de votre interlocuteur. Vous vous demandez peut-être : «Comment puis-je faire preuve d'intérêt?» Laissez libre cours à votre curiosité! Vous apprendrez sans doute quelque chose de nouveau.

Soyez sympathique

Il est également essentiel que vous ne monopolisiez pas la conversation, ce qui signifie que vous devez vous efforcer d'être sympathique. L'autre personne ne doit pas seulement se sentir entraînée dans la conversation, mais avoir l'impression d'en faire partie et de pouvoir s'identifier à ce que vous dites.

Si la personne mentionne qu'elle aime être en forme, vous pouvez ajouter que vous êtes d'accord sur le rôle que joue l'exercice dans la santé (ou quelque chose de semblable). Faites part de vos observations, partagez vos expériences et soyez calme.

Posez des questions

Il n'est pas nécessaire de poser des questions approfondies qui demandent un effort de réflexion. Posez des questions simples : «Comment s'est passée votre semaine?» «L'événement vous plaît-il?». Puis, écoutez les réponses. Ne posez pas de questions parce que vous vous sentez obligé de le faire, sans prêter attention à la réponse.

Pour maintenir le rythme de la conversation, vous pouvez également poser des questions complémentaires, ce qui démontre que vous êtes à l'écoute de la personne. Si celle-ci déclare que l'événement ne lui plaît pas, par exemple, vous pouvez sourire afin de détendre l'atmosphère et lui demander de préciser les raisons de son mécontentement.

Soyez présent

Vous ferez preuve d'une plus grande confiance lors de la conversation si vous êtes présent à 100 %. Un sourire ne ferait pas de mal, décroisez les bras et évitez de regarder par-dessus votre épaule (cela donne l'impression que vous vous ennuyez et que vous souhaitez partir).

Et surtout, lorsque vous discutez, ne consultez pas votre téléphone ou vos appareils mobiles.

Utilisez la règle des vingt secondes

Le Dr Mark Goulston, psychiatre clinicien et expert en communication, a inspiré la règle des vingt secondes, qui est cruciale pour assurer le succès d'un *small talk*. Le Dr Goulston recommande que, lorsque vous parlez, votre interlocuteur ne s'intéresse à ce que vous dites que durant les vingt premières secondes.

Au-delà de ce laps de temps, il commencera à s'en désintéresser. Il risque également de vous considérer comme quelqu'un d'égocentrique.

Il serait bénéfique de mettre cette règle en pratique jusqu'à ce que vous la maîtrisiez.

Transformez l'anxiété en enthousiasme

Considérez l'anxiété et la peur comme les deux faces d'une même pièce. Avec cette pièce, vous pourriez être tenté de la retourner ou de vous en remettre au hasard. Essayons une autre stratégie. Il vous appartient de choisir la face que vous souhaitez voir apparaître.

Lorsque vous êtes anxieux ou excité, votre cœur bat plus rapidement. Vous respirez plus vite, vous tremblez légèrement, vous avez les paumes des mains moites et vous ressentez une tension inhabituelle. Vous vous sentez également nerveux, déconcentré et vous souffrez parfois d'insomnie.

Il existe des similitudes entre les symptômes de l'anxiété et ceux de l'excitation. Pourquoi ne pas transformer l'un, qui est négatif, en l'autre, qui est positif? Chaque fois que vous vous sentez anxieux, prenez le temps de vous motiver et de vous enthousiasmer, que cela devienne votre réflexe dès que vous vous sentez inconfortable.

En effet, il est possible de s'entraîner à convertir systématiquement l'anxiété en excitation, et c'est plus facile que vous ne le pensez. Jusqu'à présent, l'objectif était de rester calme, c'est-à-dire de supprimer l'anxiété. Or, il serait peut-être plus judicieux de transformer toute cette énergie en un objectif plus constructif.

Mais comment y parvenir? Je souhaite que ce procédé soit aussi fluide et naturel que possible pour vous. C'est pour cette raison que j'ai créé un guide pratique, étape par étape.

Première étape : accueillez vos émotions

N'essayez pas de lutter contre l'anxiété que vous ressentez. Si vous êtes nerveux, autorisez-vous à y faire face. En effet, ce sera inconfortable, mais vous devez persévérer et être attentif aux sensations que vous éprouvez. Comment vous sentez-vous ? Êtes-vous agité ? Tremblez-vous ? Avez-vous des sueurs ? Accueillez toutes ces émotions. Elles ne vous submergeront pas.

Deuxième étape : cessez de vous flageller

Vous devez ensuite cesser de vous faire du mal. Si vous laissez les pensées d'auto-sabotage vous freiner, vous ne serez pas aussi performant que vous le souhaitez. Vous avez peut-être remarqué que dans les moments de réussite, lors d'une présentation par exemple, vous n'avez jamais vraiment cessé d'être nerveux. Au lieu de cela, vous avez simplement arrêté de vous répéter « *Je ne peux pas* », et vous êtes passé à l'action.

Troisième étape : répétez-vous d'être enthousiaste

À ce stade, vous devez recadrer vos émotions en vous répétant que vous êtes enthousiaste. Reconnaissez le sentiment d'excitation et non celui de l'anxiété (c'est à ce moment-là que vous le choisissez). Si vous en faites autant, en vous convainquant que vous êtes excité, vous le serez.

Quatrième étape : Visualisez une conversation réussie

Le rôle de la visualisation est crucial ! Imaginez-vous capable d'accomplir de manière impressionnante ce que vous êtes sur le point d'accomplir. Ajoutez toujours des détails de la conversation que vous pouvez voir, entendre et ressentir dans votre imagination.

La plupart du temps, vous obtiendrez ce que vous visualisez dans votre imagination. Si vous anticipez une conversation ratée, vous échouerez. Si vous concevez une conversation réussie, vous l'obtiendrez, si vos attentes sont raisonnables, bien entendu.

Le Présent à l'Honneur

Le présent est éphémère, c'est pourquoi il faut en tirer le meilleur parti. Une célèbre citation de Bouddha nous le rappelle : « Ne demeure pas dans le passé, ne rêve pas du futur, concentre ton esprit sur le moment présent. » La confiance vous amènera à profiter du moment présent, et vous aidera à mettre de côté ce qui pourrait se produire dans le futur.

Cela peut sembler contradictoire avec les conseils en matière de visualisation et, dans un certain sens, c'est le cas. Vous visualisez quelque chose qui pourrait ou non se produire dans le futur. Cependant, l'intérêt de demeurer présent n'est pas d'oublier l'avenir — après tout, votre objectif est de réussir votre *small talk*. Il s'agit plutôt de ne plus rêvasser dans les moments qui comptent. Vous êtes là. Vous êtes présent.

Ce moment de conversation est ce qui compte, alors arrêtez d'anticiper ce qui pourrait déraper. Cessez de réfléchir à la possibilité de bégayer, de dire ce qu'il ne faut pas dire, ou de commettre un geste qui pourrait avoir de terribles conséquences dans le futur.

Les pensées destructrices n'ont qu'un seul but : vous désorienter et provoquer le doute.

Faisons un petit exercice d'imagination et de pleine conscience, si vous le voulez bien. En ce moment, imaginez qu'il n'y a ni avenir, ni passé, mais seulement le moment présent. Oubliez les expériences que vous avez vécues dans le passé, à l'école, à la maison, dans votre enfance, à l'université, etc., et concentrez-vous sur le moment présent.

Comment vous sentez-vous ? Vous sentez-vous contraint lorsque vous n'avez pas de soucis passés ? Ressentez-vous encore de la pression lorsque vous n'avez pas de préoccupations pour l'avenir ? Maintenant, détendez-vous et connectez-vous au moment présent, en vous concentrant uniquement sur vous-même.

Dites-moi, qu'est-ce que vous ressentez ? Les réponses varieront, mais une chose est certaine, vous ressentirez votre « moi » le plus authentique. Vous direz ce que vous voudrez, et ferez ce que vous voudrez. Vous serez libre ! Il n'y aura pas de conséquences futures ni de regrets passés, et vous n'aurez pas non plus à vous soucier de faire une bonne première impression.

L'exercice ci-dessus représente une utopie imaginative, mais je devais vous l'exprimer pour que vous puissiez imaginer l'étendue de la liberté dont vous jouirez lorsque vous vous concentrerez sur le présent. Les personnes timides réfléchissent souvent trop, et s'inquiètent de ce que les gens diront d'elles par la suite.

Vous devez mettre tous ces soucis en veilleuse, et faire preuve de liberté, de confiance et d'assurance dans le fait que vous vous en sortirez bien. N'oubliez pas que vous n'aurez peut-être jamais plus l'occasion d'avoir ce *small talk* avec cette même personne. Lorsque vous la rencontrerez à l'avenir, il s'agira d'une continuation de la première conversation et, inévitablement, il ne s'agira plus d'un *small talk* étiquetée.

Je vous conseille donc de vous détendre, et de procéder étape par étape. Concentrez-vous sur l'exécution de ce *small talk* au bureau avant de penser à la cérémonie de mariage à laquelle vous devrez assister la semaine prochaine.

Abordez les événements les uns après les autres, et vous vous en sortirez très bien. D'ailleurs, une excellente façon de mettre en pratique l'exercice ci-dessus est de pratiquer la méditation de pleine conscience.

Se Connaître Soi-Même

C'est le moment de parler un peu de philosophie. L'une des façons de se connaître soi-même est de s'inspirer d'une philosophie appelée stoïcisme. Développée pour la première fois dans la Grèce antique vers 300 avant notre ère, l'adoption de ses principes par le célèbre empereur romain, Marc Aurèle, a probablement contribué à la popularité dont jouit encore aujourd'hui le stoïcisme. De plus, la mise en pratique des théories de cette philosophie est devenue plus pratique.

Le stoïcisme moderne enseigne que la vertu est synonyme de bonheur, et que notre jugement doit se fonder sur le comportement plutôt que sur les mots. Cette idée nous enseigne que nous ne pouvons compter que sur nous-mêmes, et non sur les événements extérieurs. Cela signifie que, lorsque vous entrez en relation avec quelqu'un d'autre par le biais d'une conversation, vous devez comprendre que vous ne pouvez pas contrôler le récit de l'autre personne, vous ne pouvez contrôler que le vôtre. Le stoïcisme moderne est un outil que nous pouvons utiliser pour devenir de meilleurs individus, qui excellent dans leur travail, dans leurs relations et même dans leur communication avec des étrangers, parce que nous sommes conscients du pouvoir de la connaissance de soi.

Le stoïcisme encourage un processus méditatif qui vous permet de transformer les sentiments négatifs, en pensées qui vous apportent la paix, et une meilleure perspective sur la vie. Cette idée philosophique vous aide à développer un meilleur état d'esprit, et vous permet de vous tourner vers l'intérieur en vous posant des questions sur la vie. Comment toutes ces idées se traduisent-elles par une connaissance de soi?

Lorsque vous consacrez autant de temps à l'introspection, et à la recherche de réponses aux situations que vous rencontrez, vous devenez honnête envers vous-même. Vous apprendrez à connaître votre façon de penser, les aspects sur lesquels vous devez travailler, et la manière dont vous pouvez améliorer vos relations avec les autres, en particulier par le biais de la conversation.

Pour vous connaître, vous devez déterminer le type d'environnement social dans lequel vous vous épanouissez. En effet, il est essentiel de pouvoir s'adapter à n'importe quelle situation sociale, mais il est primordial que vous vous connaissiez, et que vous sachiez dans quel milieu vous vous sentez le plus à l'aise.

Le stoïcisme vous aidera à mieux vous connaître, et dans cet état, quel que soit votre type de caractère (introverti ou extraverti), vous constaterez le genre de situation qui vous convient. Par exemple, lorsque vous commencez à vous entraîner à la conversation, évitez d'utiliser des lieux dans lesquels vous n'êtes pas à l'aise, et tenez-vous-en à ceux qui vous viennent naturellement.

Que connaissez-vous de vous-même? Aimez-vous les rencontres intimistes? Les grandes fêtes? Êtes-vous une personne très extravertie? Ce sont des questions auxquelles je ne peux pas répondre pour vous, mais qui contribueront à vous découvrir.

Si vous détestez les grands rassemblements, vous aurez plus de mal à y discuter. En revanche, si vous aimez les groupes plus restreints, vous parlerez probablement à presque toutes les personnes présentes dans la pièce.

L'évolution d'une conversation change en fonction de votre personnalité et de vos préférences. Une personne introvertie voudra s'entraîner davantage en privé avant « d'entrer en scène. »

La philosophie peut être un outil d'aide, mais, en réalité, il n'existe pas de manuels universels de socialisation. N'oubliez pas que la perfection est l'ennemie du bon résultat, comme l'a affirmé Voltaire. Faites ce qui vous convient, et conservez votre aisance tout en vous améliorant. Le stoïcisme contribue à vous enthousiasmer pour ce que vous entreprenez, parce que vous êtes conscient de vous-même. Vous connaissez vos capacités, et vous êtes prêt à relever n'importe quel défi.

Lorsque vous rencontrez une personne qui n'a pas conscience d'elle-même, ou qui n'a pas confiance en elle, vous verrez que ses conversations ne reflètent pas l'ensemble de sa personnalité en raison de son manque d'assurance. Je ne veux pas que vous lisiez ce livre et que vous essayiez de mettre en œuvre des techniques de conversation tout en n'étant pas confiant en vous-même.

Pratiquez le stoïcisme, soyez attentif et savourez le processus d'apprentissage de la connaissance de soi.

Être en Harmonie avec votre Personnalité

Le concept de rationalité et d'irrationalité varie d'une personne à l'autre, et cela s'applique à l'idée du bien et du mal. Cette prise de conscience est une raison importante pour laquelle nous devons apprendre à modifier les idées préconçues que nous pouvons entretenir au sujet de ces idéaux.

Nous devons comprendre que ce qui peut être utile pour vous peut être considéré comme mauvais pour quelqu'un d'autre. Si vous rencontrez ce «quelqu'un» qui considère votre bien comme un mal, le changerez-vous pour lui? Pouvez-vous demeurer fidèle à votre personnalité malgré les divergences d'opinions qui existent dans le monde?

Pour parvenir à converser avec succès tout en luttant contre la peur et l'anxiété, vous devez demeurer fidèle à votre personnalité. La diversité du monde est telle qu'il est possible de perdre son identité, surtout si l'on ne se connaît pas soi-même.

Lors d'un événement social, il vous sera beaucoup plus facile de vous laisser envahir par des peurs irrationnelles et par vos opinions. Vous aurez l'impression de suivre un scénario, des schémas et des instructions invisibles parce que vous êtes contraint de vous conformer et de maintenir un code de compétences sociales particulières.

Mais plus vous apprendrez à vous connaître, plus il vous sera facile de devenir votre propre boussole. Vous valoriserez vos convictions et vos pensées, et les tiendrez en haute estime parce qu'elles sont les vôtres. Vous serez à l'aise pour partager vos idées parce que vous savez qu'elles n'appartiennent à personne d'autre.

La force de caractère est puissante !

Cette force est un outil qui vous permet de rechercher intérieurement ce en quoi vous croyez, et de connaître vos centres d'intérêt, car ce sont les facteurs qui vous distinguent des autres individus. Étant donné que les *small talks* sont destinés à créer des liens authentiques, vous devez avoir confiance en vous, d'où la nécessité de vous connaître. Vos paroles et vos actions doivent refléter votre personnalité.

Lorsque vous entamez une discussion, vous sentez-vous authentique ? Ou vous sentez-vous obligé de parler d'une certaine manière qui plaira à l'autre personne ? Changez-vous facilement d'avis parce que vous voulez vous conformer à l'idée d'une autre personne ?

Vos expériences en matière de *small talk* seront beaucoup plus agréables si vous demeurez fidèle à ce que vous êtes et à votre caractère. Vous éviterez également les relations toxiques, les personnes mal intentionnées, les emplois empoisonnés, les amis superficiels (ils drainent tellement d'énergie) et d'autres maux qui affectent les personnes qui ne se connaissent pas en matière de caractère.

Notez que cette prise de conscience ne signifie pas que vous devez vous lancer dans un voyage de découverte de soi. Je vous invite simplement à vous poser des questions qui susciteront en vous une prise de conscience.

Toutes les formes de conversations reposent sur des liens, mais l'objectif de ceux-ci sera compromis si vous ne vous rattachez pas à ce que vous êtes aujourd'hui. Les personnes avec lesquelles vous interagissez rencontreront un «vous» différent chaque fois parce que vous présenterez un caractère incohérent.

Vous souvenez-vous de votre premier rendez-vous amoureux? Vous avez probablement été pris d'une grande excitation à l'idée de rencontrer votre partenaire. La raison de cette impatience est que vous aviez hâte d'en apprendre davantage sur cette personne.

Tout comme vous avez anticipé le fait de consacrer du temps à une personne que vous ne connaissiez pas, vous devez également vous accorder du temps à vous-même. Ainsi, vous serez en mesure de définir vos centres d'intérêt et de connaître la véritable nature de votre personnalité. Cette connaissance renforcera votre confiance, éliminera vos craintes et vous permettra d'entrer en contact avec d'autres personnes.

La peur et l'anxiété ne paralysent que ceux qui se perdent dans les autres. Que pouvez-vous faire pour y remédier? Sortez avec des amis, sachez qui vous êtes, concentrez-vous sur le présent et transformez votre anxiété en excitation.

Ce processus de découverte de soi, de suppression de la peur et de maîtrise de la confiance en soi est une partie importante du *small talk*. Nous progressons! Dans le prochain chapitre, vous apprendrez tout sur le code social et son rapport avec le *small talk*.

CHAPITRE TROIS
La Communication Non Verbale et le Code Social

———————

Les personnes qui ne souffrent pas d'anxiété et qui n'ont pas peur, comme nous l'avons vu au chapitre précédent, n'auront aucune difficulté avec cette partie. Vous y apprendrez tout sur le concept de code de compétences sociales, qui est étroitement lié au modèle à quatre côtés, également connu sous le nom de carré de communication ou de modèle à quatre oreilles.

Ce chapitre vous aidera à éviter les malentendus. Les concepts qui y sont présentés vous permettront de vous exprimer de manière cohérente et de réussir toutes les formes de *small talk*.

Examinons un modèle de communication développé par le psychologue allemand Friedemann Schulz von Thun, expert en communication interpersonnelle et intrapersonnelle. Selon ce principe, tout message comporte quatre parties essentielles qui ne sont pas identiques, mais qui doivent être considérées individuellement. Les quatre aspects composant le message sont l'information factuelle, l'appel (ou le désir), la relation sociale et la révélation de soi.

Alors, qu'est-ce qui est important en ce qui concerne le *small talk*? C'est simple. En apprenant davantage sur la nature de la communication, vous deviendrez plus habile dans ce domaine. Plus vous maîtriserez la communication, moins vous rencontrerez de malentendus.

Pour comprendre suffisamment ce modèle des quatre côtés, nous devons commencer par les deux personnes impliquées et la composante du message :

1. Émetteur

L'émetteur est la personne qui transmet un message. Il s'agit de celui qui parle. Ainsi, si vous conversez avec quelqu'un d'autre, lorsque vous prenez la parole, vous êtes l'émetteur.

2. Récepteur

Le récepteur reçoit le message. Il écoute l'émetteur.

3. Message

L'autre composante est le message. Il s'agit du contenu réel de ce que chaque émetteur exprime : les mots et le ton.

Lorsque vous vous engagez dans un *small talk*, les trois composantes sont présentes, mais votre capacité à éviter les malentendus dépend de votre aptitude à traiter les trois composantes simultanément. De nombreuses incompréhensions sont liées au fait que le récepteur ne prête attention qu'à une seule composante, sans tenir compte des autres.

Les quatre niveaux de la communication, présentés plus haut, vous aident à considérer tous les aspects d'un *small talk*. Analysons-les :

Le Niveau d'Information Factuelle

Le premier niveau de communication du modèle à quatre côtés est le niveau d'information factuelle. Comme son nom l'indique, il s'agit des faits échangés au cours de la communication : des données objectives dépourvues d'éléments subjectifs. Par exemple, si je mentionne que «l'ordinateur portable coûte 599,99 $», il s'agit d'un fait. Ce sont simplement des données.

Cependant, les informations factuelles ne sont pas toujours communiquées de manière objective. Parfois, le récepteur déduit les faits. Une grande partie des informations incomprises sont implicites, ne l'oubliez pas. Prenons l'exemple de cette phrase : «J'ai mis beaucoup de temps pour arriver ici. Le trajet était pénible.» Cette phrase pourrait être interprétée comme «la circulation était dense.» Est-ce le cas ? Est-ce bien ce qui a été dit ? Pas forcément. Même au niveau des faits, des confusions peuvent se produire.

Le Niveau de l'Autorévélation

Au cours de la communication, le niveau d'autorévélation correspond aux informations sur l'émetteur qui sont implicitement dévoilées (ou que l'on croit dévoilées). Si, par exemple, je demande : «Pourquoi aimez-vous les artichauts ?» Vous pourriez en déduire que je n'aime pas les artichauts, car je vous ai posé la question avec incrédulité.

Cependant, il est important de garder à l'esprit qu'il s'agit d'une déduction. Elle peut être vraie ou incorrecte. Elle se distingue du niveau factuel du modèle à quatre côtés parce qu'il ne s'agit pas d'un fait, mais plutôt d'une hypothèse.

Le Niveau Relationnel

En analysant les *small talks*, vous découvrirez parfois des informations sur la relation entre l'émetteur et le récepteur (ou entre vous-même et une autre personne). Lorsqu'un émetteur s'adresse à un récepteur, certaines de ses paroles peuvent indiquer à ce dernier que l'émetteur ressent une certaine émotion à son égard. En d'autres termes, au niveau relationnel, le récepteur détermine : « Il pense *ceci/cela* de moi. »

Il s'agit là d'une déduction basée sur des informations implicites plutôt qu'explicites. Si je demande « Qu'est-ce que tu fais là ? », à un ami qui s'est présenté à l'improviste, ou sans invitation lors d'une soirée, il pourrait interpréter cela comme « Il ne m'aime pas, nous ne sommes pas de bons amis. » Une fois de plus, ce n'est pas nécessairement prouvé ou réfuté.

Le Niveau d'Appel

Au niveau de l'appel, le récepteur essaie de déterminer : « Que souhaite-t-il (l'émetteur) ? ». Voici un exemple. Votre directeur vous déclare : « Si nous avions eu ces rapports plus tôt, nous aurions pu réagir de manière plus appropriée. » Vous pourriez interpréter cette phrase comme étant celle de votre supérieur : « Ne soyez plus en retard pour les rapports. »

Chacun des niveaux ci-dessus peut être incorrectement interprété par l'émetteur et le récepteur. L'intention du message peut être différente, tout comme leur signification. Lorsque les gens comprennent une situation de façon différente, ils ont également tendance à réagir, ou à répondre différemment.

Vous trouverez ci-dessous un exemple du fonctionnement des quatre aspects de ce style de communication :

Deux personnes se rencontrent au buffet lors d'une fête, l'une d'entre elles est le traiteur, et l'autre est un invité.

Émetteur : «Ces pâtes contiennent des protéines.»

L'intention potentielle de cette personne, sur la base des quatre niveaux, est la suivante :

Niveau factuel : Les pâtes contiennent des protéines.

Niveau d'appel : Dites-moi quel type de protéine ?

Niveau relationnel : Vous devriez connaître la sorte de protéine.

Niveau d'autorévélation : Je n'aime pas les protéines dans mes pâtes.

Perception du récepteur/intention perçue par l'analyse (n'oubliez pas que le récepteur est le traiteur)

Niveau factuel : Il y a des protéines dans les pâtes.

Niveau d'appel : Je ne peux pas cuisiner ce que vous aimez parce que c'est une fête.

Niveau relationnel : Remettez-vous en question ma cuisine ?

Niveau d'autorévélation : Vous ne connaissez pas la protéine qui vous incommode.

Cet exemple de pâtes démontre à quel point il est facile de se méprendre entre l'émetteur et le récepteur. Le risque de malentendu est toujours très élevé lors d'un *small talk*, d'où la nécessité de connaître le mode de relation qui permet à tous les niveaux d'être synchronisés pour favoriser la clarté.

L'émetteur a toujours une intention cachée/implicite dans son message. Le but du message est ce qu'il veut transmettre. Le récepteur, quant à lui, analyse les informations entendues en les comparant à ses croyances, ses expériences et ses valeurs. Imaginez donc le processus de la manière suivante :

Émetteur : Intention = Vérité

Récepteur : Perception = Vérité

Vérité de l'émetteur = Vérité du récepteur

Veuillez noter que la vérité du récepteur peut être différente de celle de l'émetteur. Ce processus se déroule très rapidement, et il est en grande partie subconscient. Certaines personnes ont un canal particulier par lequel elles envoient et reçoivent des messages, en raison de leurs expériences passées, de leur système de croyances, etc.

Pour éviter les malentendus, vous devez apprendre à utiliser efficacement le modèle à quatre côtés lorsque vous conversez avec quelqu'un. Encore une fois, la seule manière d'y parvenir est de s'entraîner de manière intentionnelle et persistante. Comment pouvez-vous vous exercer pour vous améliorer ?

Je vous montrerai ci-dessous comment gérer efficacement une situation de *small talk* selon les deux perspectives (en tant qu'émetteur et récepteur). Vous pouvez vous entraîner avec les deux concepts jusqu'à ce que vous y parveniez.

Commencez par la première phase de la communication : la réflexion. Si vous êtes l'émetteur, réfléchissez à ce que vous voulez dire, et à votre intention en ce sens. Quelles informations voulez-vous transmettre ? Si vous êtes le récepteur, écoutez les informations exactes que votre partenaire vous communique, et la manière dont vous pouvez comprendre le message.

Ensuite, en tant qu'émetteur, vous devez vous assurer que vos intentions sont explicites et non vagues. Demandez au récepteur ce qu'il a compris, et ce qu'il retient de la conversation avant de prononcer une nouvelle phrase.

Si vous êtes le récepteur, demandez-lui si vous avez bien compris ce qui a été dit : «Voulez-vous parler de...?» ou «Pour clarifier, voulez-vous dire...».

Cet exercice peut être répété pour les quatre aspects de la communication, et vous serez alors ravi de constater que tous vos messages sont reçus sans aucun malentendu. En vous entraînant, vous pourrez progresser dans l'utilisation de ce modèle.

La compréhension est cruciale pour le succès des *small talks*, et elle débute par une connaissance approfondie des différents aspects de la parole, tels qu'ils ont été analysés dans ce chapitre. Vous savez maintenant comment fonctionne le modèle à quatre côtés et comment vous pouvez vous l'approprier dans le cadre de vos *small talks*.

Pouvons-nous passer à une autre idée passionnante? Je suppose que vous répondez par un «oui» retentissant. Nous allons donc nous intéresser au rôle de la communication non verbale. Les détails du chapitre suivant s'inspirent en partie de ce dernier, car la communication non verbale est importante lorsque l'on essaie de comprendre les autres.

CHAPITRE QUATRE
Utiliser le Langage Corporel lors d'un *Small Talk*

La communication non verbale est aussi ancienne que l'évolution de l'être humain, et elle est tout aussi importante que la communication verbale. Mais pourquoi ne reçoit-elle pas autant d'attention que la communication verbale? Très probablement parce que nous avons été habitués à écouter les mots et à négliger les mouvements du corps.

Ce chapitre se concentre sur la communication non verbale en tant qu'élément essentiel du *small talk*. Vous apprendrez à utiliser les signaux non verbaux, et à observer les mouvements corporels des gens pour déceler des signes de réponse lors de la communication. Entrons donc dans le vif du sujet!

Avez-vous déjà exprimé un message sans le « formuler »? Réfléchissez-y avant de répondre.

Si vous avez répondu par l'affirmative, vous conviendrez certainement que la communication non verbale peut constituer un moyen plus rapide de transmettre un message. Le fait de pointer du doigt, de remuer les mains, ou d'incliner la tête peut contribuer à communiquer des messages, et même à éviter les malentendus évoqués au chapitre précédent.

Selon une étude du professeur Mehrabian, la communication est composée à 7 % de verbal et à 93 % de non verbal. Cette dernière est constituée à 55 % par le langage corporel et à 38 % par le ton de la voix. Cela signifie que vous pouvez exprimer une idée avec vos mots, mais que votre langage corporel peut envoyer un message tout à fait différent.

Par conséquent, l'objectif de toute personne souhaitant exceller dans le domaine du *small talk* devrait consister à améliorer leur compréhension, et leur utilisation des signaux non verbaux afin de pouvoir exprimer pleinement ce qu'elle veut dire sans se contredire. Si vous voulez éviter les malentendus, et établir des relations plus harmonieuses, votre discours verbal et non verbal doit employer le même langage.

En raison de la nature des dialogues, vous n'aurez peut-être pas l'occasion de corriger un malentendu en disant : « Oh, ce n'est pas ce que je voulais dire. » N'oubliez pas, il s'agit d'un *small talk* ! Il doit être court, agréable et destiné à établir des relations. Il y a peu de place pour l'erreur. Vous n'avez que quelques minutes pour transmettre votre message de la meilleure façon possible.

Si vos signes non verbaux sont en accord avec vos paroles, la clarté, le rapport et la confiance entre vous et l'autre personne s'en trouveront renforcés. S'ils ne sont pas alignés, cela entraînera des tensions, de la confusion et de la méfiance. Vous devez être très sensible à ces idées pour devenir un meilleur communicateur. Plus encore, votre sensibilité doit dépasser la communication verbale pour s'étendre à la communication non verbale.

Prenons l'exemple suivant pour illustrer la puissance de la communication non verbale. Imaginez que votre meilleure amie ou votre épouse se présente chez vous juste avant le dîner. Elle a les lèvres serrées, le visage rouge et les sourcils froncés. Elle refuse de parler à qui que ce soit. Après avoir fait les cent pas dans la pièce, elle a jeté son sac sur le canapé et s'est assise dans le fauteuil près de la fenêtre. Après quelques secondes passées à regarder à l'extérieur, vous lui demandez : « Est-ce que ça va ? J'espère que tout va bien ! » Elle vous répond en hurlant : « Je vais très bien. »

Permettez-moi de vous demander lequel de ces messages vous allez croire. Est-ce sa communication verbale, qui dit qu'elle va bien, ou les indices non verbaux, c'est-à-dire le ton de sa voix et son comportement ? Je pense que vous allez très probablement croire les indices non verbaux qu'elle a transmis.

Nous verrons plus en détail ce qu'impliquent les indices verbaux, en particulier les types de *small talk* et la manière dont vous pouvez utiliser le langage corporel pour réussir à communiquer de manière optimale. Veuillez noter que certaines des idées que vous trouverez ci-après ont également des implications culturelles, c'est pourquoi je propose quelques explications sur ces dernières. Nous devons être respectueux envers les autres lorsque nous communiquons.

Que Sont les Indices « Non Verbaux » ?

Selon Patti Wood, auteure et experte en langage corporel, les indices non verbaux constituent la majeure partie de la communication entre les gens, sans qu'il y ait de traduction directe. Ces signes peuvent prendre la forme de nuances de la voix, de mouvements et d'orientation du corps, d'expressions faciales, de choix et de mouvements des objets qui contribuent à la communication, et de détails de la tenue vestimentaire. L'espace et le temps peuvent également être des repères non verbaux.

En d'autres termes, les indicateurs non verbaux sont la manière dont vous vous manifestez, vous vous exprimez et vous vous présentez. Ces indices non verbaux sont très importants dans votre entreprise et au travail, car «la perception est la réalité.»

Au niveau de la communication, nos sens jouent un rôle essentiel, car «toute bonne conscience, toute crédibilité et toute preuve de vérité ne peuvent provenir que des sens.» La manière dont nous sommes perçus ou «sentis» par d'autres personnes aura un impact considérable sur notre réussite dans notre entreprise ou sur notre lieu de travail. Si ce n'est pas le cas, de nombreuses personnes seront mal jugées. Les individus qui ont de grandes idées, qui sont brillants et qui ont un talent exceptionnel, seront mal étiquetés, mal jugés et ignorés en raison de l'inefficacité des signaux non verbaux.

En effet, ces derniers sont principalement envoyés par le «cerveau émotionnel» et non par le néocortex (également connu sous le nom d'isocortex et de néopallium). Celui-ci est impliqué dans les fonctions supérieures, telles que la production de commandes motrices, la perception sensorielle, la pensée consciente et le raisonnement spatial chez l'être humain. Ce cerveau émotionnel aide à créer une réponse plus honnête, et des messages révélateurs au cours des conversations.

Selon madame Wood, les indices non verbaux permettent aux chefs d'entreprise de déterminer la motivation qui anime les individus, et d'analyser les interactions commerciales d'une manière plus approfondie, efficace et complète qu'en s'appuyant uniquement sur des mots imprimés ou parlés.

Cette experte en langage corporel suggère que les gens capables de comprendre les signaux non verbaux peuvent identifier ce que leurs clients, leurs collaborateurs et leurs collègues leur disent réellement, afin de pouvoir satisfaire leurs besoins de façon plus satisfaisante. « Les employeurs peuvent évaluer les messages que leurs employés envoient à leurs clients ou à leurs collègues de travail, et déterminer si l'employé en question nuit ou aide l'entreprise », explique-t-elle. Les employés peuvent également apprendre à reconnaître les signes subtils envoyés par leurs supérieurs, ce qui permettrait d'ajuster leur comportement, si nécessaire.

L'utilisation efficace de la communication non verbale est essentielle au développement de votre carrière. Lorsqu'un employeur cherche à embaucher un talent, ou à promouvoir un employé, il recherche généralement le professionnalisme, l'enthousiasme et la confiance en soi. En tant qu'employé, pour exprimer ces qualités et tous les autres traits de leadership qu'il recherche, vous devez envoyer les signaux non verbaux adéquats.

Examinons les types d'indices non verbaux qui vous aideront à mener vos *small talks*.

Types d'Indices Non Verbaux

Étant donné que nous ne pouvons pas éviter de transmettre des signaux non verbaux aux gens, il est important que vous vous entraîniez à transmettre les signaux appropriés. Nous allons examiner ci-dessous les types d'indices non verbaux qui sont essentiels pour les *small talks*.

Expression faciale

Saviez-vous que la partie la plus expressive de votre corps est votre visage ? Oh oui, c'est vrai, et c'est la première caractéristique observable par votre interlocuteur, avant même que vous ne commenciez à parler.

Votre visage peut révéler de nombreuses informations, même davantage que vos paroles. Avez-vous déjà parlé à un interlocuteur dont le front était marqué par des froncements? Vous avez peut-être eu l'impression de vous méprendre, même si la personne n'avait pas l'intention d'être impolie.

Vous pouvez transmettre d'innombrables émotions sans dire un mot et, contrairement à d'autres formes de communication non verbale, les expressions faciales sont universelles. Une personne qui sourit en Asie et une personne qui sourit en Amérique transmettent généralement le même message, malgré les différences de lieu. Bien sûr, il existe différents types de sourires : certains sont sinistres, d'autres saluent, d'autres encore sont joyeux ou interrogatifs, mais les recherches montrent que les traits qui créent ces expressions sur nos visages sont plus ou moins les mêmes, quelle que soit la culture.

Dans toutes les sociétés, les expressions faciales sont semblables. Nous exprimons le bonheur, la surprise, la peur et le dégoût presque de la même manière, ce qui démontre l'impact de cet indice non verbal. Tout en renforçant votre confiance personnelle, et en vous débarrassant de vos peurs, prêtez attention à vos expressions faciales. Si vous dites quelque chose d'agréable, que devriez-vous faire? Vous devriez sourire! Si vous réfléchissez à une idée, vous devriez pencher la tête comme si vous y réfléchissiez. La conversation se déroulera exceptionnellement bien si vos expressions faciales sont en accord avec vos paroles.

Ton de la voix

En ce qui concerne le timbre de la voix, vous devez savoir qu'il ne s'agit pas seulement de ce que vous dites, mais aussi de la manière dont vous vous exprimez. Lorsque vous parlez, l'autre personne entend votre voix en plus de vos mots, et votre voix peut avoir une signification différente de celle de vos mots.

Les mots «assieds-toi» et «assieds-toi!» sont les mêmes, mais l'exclamation produit un ton différent. Cette différence implique généralement une augmentation du volume ou de l'enthousiasme.

Le moment et le rythme ont également leur importance. Une voix plus rapide implique généralement l'urgence (ou peut-être l'anxiété), tandis qu'une voix plus lente communique généralement le calme. De cette manière, votre voix peut exprimer l'affection, la confiance, le sarcasme et bien d'autres émotions. Le timbre de votre voix peut être négligé lorsque l'on parle d'indices de communication non verbale, car les gens l'associent à la parole, alors qu'il n'implique pas de mots et qu'il est donc non verbal. Apprenez à faire fluctuer le ton de votre voix de manière appropriée afin de créer des expériences de *small talk* captivantes.

Contact visuel

La façon dont vous regardez quelqu'un en dit long à propos de vous, et c'est l'une des formes de communication non verbale les plus cruciales. Vos yeux peuvent exprimer l'affection, l'hostilité, l'attirance, l'intérêt, la fatigue, etc.

Si vous voulez maintenir le rythme du *small talk*, et valorisez le processus, vous devrez prêter une attention particulière à la manière dont vous établissez le contact visuel. Nous verrons en détail comment établir un contact visuel de qualité dans la section suivante de ce chapitre : comment utiliser le langage corporel lors d'un *small talk*?

Votre tenue est le reflet de votre personnalité, et la façon dont vous voulez être perçu par les gens. Vous communiquez également par votre manière de vous asseoir, de marcher, de vous lever ou de tenir votre tête. Votre posture doit refléter ce que vous ressentez et, pour une première impression, lors d'un *small talk*, elle doit dégager de la confiance.

Gestes

Les gestes font partie de nos expériences quotidiennes. Vous avez peut-être même gesticulé en lisant ce livre (sans le savoir). Les gestes se font avec les mains, et il en existe différents types : saluer, faire signe, ou utiliser ses mains en parlant ou en discutant.

Lorsque vous levez légèrement les mains au niveau de votre visage tout en parlant, cela signifie que vous essayez de faire valoir un point crucial. Si vous vous passez les mains dans les cheveux en parlant, cela peut signifier que vous êtes nerveux ou incertain. Si vous pointez du doigt, c'est que vous essayez de faire comprendre à votre interlocuteur ce dont vous parlez.

Vous devez garder à l'esprit que la signification des gestes varie d'une culture à l'autre. Le signe «OK» fait avec la main, par exemple, transmet un message de positivité dans la plupart des pays anglophones. Mais dans certains pays, il peut être offensant.

Bien entendu, vous ne pouvez pas connaître tous les gestes offensants de toutes les cultures, mais vous pouvez vous référer à la personne.

Toucher

Nous communiquons également par le toucher, car les relations humaines se créent aussi par le contact. Si deux personnes vous serrent la main, vous vous souviendrez probablement de celle qui a une poignée de main vigoureuse que de celle qui a une poignée de main délicate.

Qu'en est-il des accolades? Si vous êtes autorisé à en offrir lors de la première rencontre, vous pouvez étreindre la personne et la rendre à l'aise avec vous (ou peut-être plus mal à l'aise étant donné que l'espace personnel a une plus grande valeur dans certaines cultures). Dans d'autres cas, vous pourrez vous contenter d'une tape dans le dos ou d'une légère étreinte du bras.

Vous devez être attentif à la manière dont vous utilisez ce langage non verbal, car vous ne devez pas être trop tactile avec les gens. Dans certaines cultures, il peut être inapproprié de toucher la personne en discutant avec elle, mais il se peut aussi que vous n'ayez pas besoin d'être tactile. C'est particulièrement valable pour la communication entre personnes de sexe opposé.

Avec ce style de langage non verbal, vous devez faire preuve de tact et de prudence. Toutefois, si vous sentez que vous pouvez avoir recours au toucher, soyez généreux, mais faites preuve de vigilance.

Comment Utiliser le Langage Corporel ?

En grandissant, j'étais impatient de me trouver des amis. Après quelques essais et erreurs, j'ai réalisé qu'il fallait du temps pour nouer des amitiés durables et établir des liens avec les gens. Avant d'entrer en contact avec les gens, il faut apprendre à les connaître. Aujourd'hui, je me félicite d'avoir réalisé que, la majeure partie du temps, j'ai forcé les rencontres en m'invitant à des soirées, ou en ayant des conversations que les gens n'avaient pas vraiment souhaité entretenir avec moi.

Construire des amitiés durables ne se fait pas en un jour, c'est un processus graduel qui débute souvent par un simple sourire ou un « bonjour ». Certaines étapes sont plus ardues que d'autres, mais vous devriez vous sentir en confiance lorsque vous utilisez votre langage corporel pour attirer les gens et converser avec eux ! Voyons comment utiliser notre langage corporel pour mener un *small talk*.

Ne croisez pas les bras ou les jambes

Il n'est pas idéal de croiser les bras ou les jambes en parlant si vous souhaitez développer des discussions fructueuses. Lorsque vous croisez les bras, vous donnez l'impression d'être sur la défensive et d'être mal à l'aise, ce qui peut inciter votre interlocuteur à mettre fin à la conversation.

Au lieu de croiser les bras, utilisez-les pour faire des gestes. Plutôt que de croiser les jambes, maintenez une position ouverte qui communique une impression de bien-être (sauf si vous portez une jupe). Principalement, l'idée est de demeurer détendu et à l'aise.

Établissez un contact visuel, mais ne regardez pas fixement

Les yeux sont essentiels lorsqu'on parle de communication non verbale, car ils peuvent révéler de nombreuses émotions. Ce qu'il ne faut pas se permettre, en revanche, est de fixer la personne, car établir un contact visuel n'est pas synonyme de regarder fixement.

Le fait de maintenir un regard fixe peut être considéré comme offensant par certaines personnes. Abstenez-vous de le faire. Lorsque vous vous adressez à la personne, ou répondez à une question, vous pouvez la regarder dans les yeux. Cependant, déplacez également votre regard autour du visage de la personne et, occasionnellement, autour de la pièce.

Le contact visuel témoigne de votre niveau de confiance, et indique à l'autre personne que vous êtes présent lors de ce *small talk*. Ne vous souciez pas d'exécuter parfaitement tous ces indices. Demeurez attentif et vous vous en sortirez très bien !

Détendez vos épaules

Vous ne le remarquez peut-être pas, mais vos épaules sont très éloquentes, et vous devez en être conscient. Une épaule tendue est un signe non verbal indiquant que vous souhaitez quitter la pièce, et que vous avez terminé de parler. En revanche, une épaule détendue indique que vous êtes prêt à vous intéresser à la conversation.

Un excellent moyen de détendre vos épaules est de respirer profondément avant d'aborder la personne, car l'anxiété est l'une des causes de la raideur des épaules. Vous ne vous doutez peut-être même pas que vos articulations sont tendues, mais votre interlocuteur peut le constater, alors soyez-en conscient. Voici un conseil : vous saurez que vos épaules sont tendues lorsque vous sentirez une tension sur votre clavicule et dans la région du cou. Chaque fois que vous sentirez cette pression, sachez que vos épaules sont tendues, et relâchez-les.

Hochement de tête

Que ressentez-vous lorsque vous parlez à quelqu'un et qu'il acquiesce d'un signe de tête? Celui-ci indique à votre interlocuteur que vous l'écoutez. C'est un outil efficace pour montrer que vous êtes présent, et que vous êtes respectueux envers celui-ci.

Tenez-vous droit (ne vous affalez pas)

Si vous discutez avec quelqu'un et que vous vous asseyez tous les deux, ne vous avachissez pas. Cette posture indique que vous êtes fatigué, désintéressé ou que vous voulez rentrer chez vous.

Tenez-vous droit comme la personne confiante que vous êtes, et partagez vos idées de la manière la plus concise possible. Lorsque vous vous tenez droit, vous pouvez également prêter une attention particulière à votre interlocuteur et minimiser les distractions.

Penchez-vous !

Lorsque nous employons le terme «se pencher», nous faisons référence à votre capacité à supprimer les barrières qui pourraient entraver la bonne connexité entre vous et l'autre personne. Lorsque celle-ci vous rencontre pour la première fois, elle essaie, dans les premières secondes, de vous cerner.

Se pencher est une façon de baisser votre garde, et de signaler que vous êtes disposé et présent.

Assurez-vous que vous saisissez bien le sens de ce que vous entendez. Gardez les yeux sur la personne (mais ne la fixez pas) tout en hochant la tête pendant que vous écoutez. Toutefois, soyez toujours conscient de votre espace personnel. Si vous vous penchez excessivement, comme l'ancien président Lyndon B. Johnson l'a fait avec son «Traitement», vous risquez d'être intimidant et envahissant.

Souriez et riez (si nécessaire)

À certains moments de la conversation, vous pouvez sourire et rire, ce qui vous aidera à maintenir un flux de communication positif. Les *small talks* sont ce qu'ils sont, il n'est donc pas nécessaire de faire preuve de rigidité.

Si vous sentez une raideur chez votre interlocuteur, essayez de créer une ambiance plus détendue en souriant, et en lançant une petite phrase amusante qui fera rire la personne.

Reflétez le langage corporel

En communication, l'essence de la réflexion est d'améliorer le rapport entre les deux parties. Il s'agit d'imiter les gestes et les positions physiques de la personne, afin de créer un lien avec elle.

Parfois, nous pratiquons l'effet miroir sans en être conscients. Bâillez! Si vous avez soudain envie de bâiller simplement en voyant ce mot, il s'agit d'un effet miroir non planifié.

Lorsque vous conversez avec une personne et qu'elle sourit, vous pouvez refléter son langage corporel en lui souriant à votre tour. Ce faisant, vous maintenez le rythme de la conversation et un rapport positif avec la personne.

Lorsque deux individus se reflètent l'un l'autre, ils se sentent à l'aise et en confiance. La réflexion fonctionne plus facilement lorsque vous connaissez la personne depuis longtemps. Par exemple, les couples romantiques peuvent facilement se refléter mutuellement. Toutefois, dans le contexte du *small talk*, vous vous adressez probablement à cette personne pour la première fois. Vous devez donc être plus attentif à ses comportements. Vous l'observez et lui répondez par une communication non verbale en lui faisant écho.

Ainsi, si l'autre personne sourit, interprétez-le comme un signe de sa part et souriez à votre tour. Si elle semble se détendre et que vous vous sentez tendu, reflétez son calme en vous relaxant à votre tour. Les réflexions sont principalement un concept non verbal que vous pouvez atteindre en étant présent lors de la conversation. Pour devenir un expert en matière de réflexion, vous devez vous entraîner longuement dans toutes vos interactions, et prêter attention aux autres.

Cependant, la majeure partie du travail ne repose pas uniquement sur vous, car la personne vous reflétera également. Vous devez vous assurer que vous représentez ce que vous souhaitez que l'autre personne reflète. Voulez-vous qu'elle soit détendue et calme? Alors, souriez davantage, tout en ajoutant quelques rires au passage.

Si l'autre personne suit votre exemple et vous reflète, la conversation se déroulera en douceur.

Respectez l'espace personnel

Enfin, il convient de reconnaître l'espace personnel de l'autre indivi-du. Nous sommes tous différents, mais nous sommes d'accord pour affirmer que nous apprécions lorsque les gens respectent notre espace. Si ce n'est pas le cas, vous ferez une mauvaise première impression qui entraînera des répercussions sur la suite de la conversation.

Pendant que vous parlez avec cette personne, essayez de maintenir une distance raisonnable, et n'initiez pas de contacts personnels si vous n'êtes pas en mesure de prédire la réaction de celle-ci. Par exemple, ne lui faites pas d'accolades injustifiées, ne lui donnez pas la main et ne la touchez pas.

Vous venez de rencontrer cette personne, et vous ne savez pas com-ment elle réagira à ce genre de manifestation. Il est préférable pour vous deux qu'elle prenne l'initiative, vous serez ainsi rassuré.

Comment la Communication Non Verbale Peut Déraper au Bureau (ou Ailleurs) ?

Au bureau, ou dans tout autre lieu que vous fréquentez régulièrement, les gens se forgent des impressions sur les autres en se basant sur la communication non verbale.

Un individu peut délibérément essayer d'être un excellent interlocu-teur dans les *small talks* en utilisant tous les « bons » mots et échouer à défaut d'une communication non verbale de qualité. Les gens évitent alors de lui parler sous prétexte que ses compétences non verbales en-voient un message erroné.

Nous allons analyser trois personnalités qui ont de bonnes intentions pour réussir leur *small talk* avec les autres. Cependant, elles se démènent dans leur tentative d'entrer en contact avec les autres, et ne sont pas conscientes du message non verbal incorrect qu'elles communiquent.

Voici Andréa, Mégane et Jean!

Andréa

Andréa est très belle, elle sait mener de bonnes conversations, mais elle est aussi très distraite. Elle prétend être douée pour la communication orale, mais lorsqu'elle parle avec quelqu'un, ses yeux se promènent dans la pièce, donnant ainsi l'impression qu'elle n'est pas présente.

Les personnes à qui Andréa parle se sentent ignorées dès les premières secondes de leur rencontre avec elle. Elles pensent qu'elle est égocentrique, même si elle estime qu'elle est excellente en communication.

Andréa doit apprendre à trouver un équilibre entre son impressionnante capacité à s'exprimer, et la façon dont elle se sert de ses yeux pour communiquer également.

Mégane

Mégane est une belle femme qui souhaite entrer en contact avec des hommes célibataires (au bureau et lors d'autres événements sociaux). Or, elle a toujours du mal à soutenir le *small talk*, même si elle se croit amusante et intéressante.

Malgré ses rires et ses sourires constants, la voix de Mégane est élevée et son corps est rigide. Lorsque des hommes formidables sont près d'elle, ils se sentent anxieux et inconfortables, alors ils écourtent rapidement la conversation, ce qui laisse Mégane perplexe.

En dépit des plaisanteries de Mégane, son langage corporel exprime d'autres sentiments, ce qui nuira constamment à tout ce qu'elle essaie d'accomplir par le biais du *small talk*.

Jean

Jean estime qu'il s'entend bien avec ses collègues, en particulier avec les nouveaux employés avec lesquels il a eu de brèves conversations. Toutefois, si vous interrogez certains de ses nouveaux employés et ses autres collègues, ils seront tous d'accord pour affirmer qu'il est « nerveux », ce qui fait qu'il est peu agréable de bavarder avec lui.

Certains de ses collègues affirment qu'il ne se contente pas de regarder une personne, mais qu'il la fixe longuement et que, lors des poignées de main, il serre trop fort (au point d'en être douloureux). Jean, quant à lui, croit qu'il fait preuve d'intérêt pour les gens, d'où la raison pour laquelle il maintient un contact visuel trop prolongé.

Malgré ses efforts, ses signaux non verbaux le font paraître maladroit et maintiennent les gens à distance. Jean aura du mal à progresser en matière de communication au travail, car il n'est pas conscient de ce défi non verbal. C'est une leçon de modération.

Les exemples ci-dessus témoignent de la volonté des individus de communiquer efficacement (et ils ont de bonnes intentions). Cependant, ils se heurtent à des difficultés parce qu'ils ne savent pas comment utiliser efficacement les signaux non verbaux. Grâce aux conseils mentionnés ci-dessus, vous pouvez tirer le meilleur parti de chaque instant en combinant d'excellentes compétences en matière de communication verbale et non verbale.

La communication non verbale est un sujet toujours fascinant, en particulier dans le cadre d'un *small talk*. Les gens parlent constamment en utilisant des signaux non verbaux, consciemment ou inconsciemment, ce qui importe est de prêter attention à ce qu'ils expriment.

Vous pouvez donc communiquer avec quelqu'un par le biais de la communication non verbale, et ce chapitre a permis de présenter tous ses aspects. Nous ajoutons de nouvelles dimensions à notre expérience d'apprentissage. Il est passionnant de passer des idées de base de la première section, à des concepts plus particuliers au fur et à mesure que nous progressons. Cependant, nous ne nous arrêterons pas là, car il nous reste encore de nombreuses notions à découvrir. Dans le prochain chapitre, nous aborderons, enfin, ce qui suit après le premier bonjour.

CHAPITRE CINQ
Briser la Glace après le Premier Bonjour

———————

Saluer une personne dans un contexte social, ou au bureau semble aisé. Pensez-y. Quiconque peut dire bonjour et passer à autre chose. Cependant, l'objectif du *small talk* est de jeter les bases d'une conversation complémentaire avec la personne. C'est là que le défi s'amorce pour la plupart des personnes qui rencontrent des difficultés avec le *small talk*. Elles se posent la question suivante : « Que dois-je ajouter après le bonjour initial ? »

Ce chapitre vous apprendra à engager une conversation intéressante et mémorable après avoir salué votre interlocuteur. Vous apprendrez les qualités essentielles des meilleures amorces de conversation. Vous découvrirez également comment donner une excellente première impression.

En général, ce qui suit le bonjour est appelé « amorce de conversation », c'est-à-dire ce que vous adressez à votre interlocuteur pour lancer la conversation. Aussi facile que cela puisse paraître, certaines personnes se retrouvent bloquées parce que, en toute franchise, le nombre de sujets de conversation est pratiquement infini. Néanmoins, la question est de savoir ce qui est le plus approprié.

Rappelez-vous que le but du *small talk* est d'établir un lien avec un autre interlocuteur. Vous devez vous exprimer d'une manière assez élégante et concise que vous pourrez reprendre la conversation avec la personne ultérieurement, et qu'elle se déroulera naturellement.

Notez toutefois que les conseils que je vous proposerai pour entamer une conversation ne sont pas exclusifs. Ce ne sont pas les seules paroles que vous pourriez, ou devriez dire. Ce guide vous forme, mais la meilleure façon d'apprendre ce qu'est la conversation est de parler. Ne vous inquiétez donc pas! Bien que les idées présentées dans ce livre visent à aiguiser vos compétences, il faut parfois se laisser porter par le courant, et exprimer ce qui vous vient à l'esprit.

Pour établir un lien après avoir prononcé un premier bonjour, vous devez connaître les caractéristiques d'une bonne amorce de conversation. Ces qualités vous guideront sur le contenu de votre amorce de conversation. Je les détaillerai à l'aide d'un exemple, afin que vous sachiez comment les appliquer à votre situation particulière de *small talk*.

Quatre Atouts des Meilleures Amorces de Conversation

1. Les Meilleures Amorces s'Expriment avec Assurance

Les meilleures entrées en matière sont formulées avec confiance, ce qui permet à l'autre personne de se joindre plus facilement à la conversation. La confiance en soi est comparable à un magnétisme lorsque vous l'exsudez. Les autres s'en rendent compte, et sont attirés par cette assurance. Celle-ci est l'une des meilleures qualités dont vous disposez pour vous adresser à vos interlocuteurs, dès le départ.

Par exemple, lorsque vous vous approchez d'une personne, sachez qu'elle n'anticipe pas seulement votre discours, mais aussi votre façon de communiquer de manière holistique — le langage corporel et tout ce qui s'y rattache. Si vous avez dit bonjour (ce qui est essentiel), la prochaine phrase devra être prononcée avec assurance.

Si vous prononcez des paroles amusantes, idiotes ou aléatoires, dites-les avec assurance en établissant un contact visuel, et en ajoutant un peu de dynamisme au début de la conversation. Si vous y parvenez, le déroulement du reste de la conversation suivra. En revanche, si votre entrée en matière est marquée par l'anxiété et la peur, vous risquez de compromettre le processus.

Rappelez-vous toujours cette règle simple, mais importante : engagez-vous avec confiance, et vous finirez remarquablement bien !

2. Les Amorces Sont de Nature Personnelle

En premier lieu, nous sommes tentés de parler du temps qu'il fait ou de sujets impersonnels, mais si vous voulez établir une relation avec les gens, vous devez apporter une touche personnelle.

Lorsque vous commencez par des propos personnels, vous en apprendrez davantage sur la personne, et elle sera également intriguée à en apprendre à votre sujet. Si vous ne connaissez pas leur nom, demandez-leur, et si vous vous trouvez dans un espace particulier (peut-être dans un bureau), essayez de savoir quel est leur poste.

Le fait d'être personnel est un excellent point de départ qui vous permettra de formuler la prochaine remarque, car il s'agira d'une question de suivi. Ainsi, si vous demandez à la personne quel est son domaine d'activité et qu'elle vous répond : «Oh, je travaille dans le domaine des ventes», vous pourriez ensuite aborder le sujet de la vente. La personne aura alors l'occasion de vous poser la même question, et la conversation sera ainsi lancée.

Veillez toutefois à ne pas confondre *personnel* et *privé*. Il arrive que nous déclarions «c'est personnel» à propos de certains sujets, alors que nous voulions plutôt signifier qu'il s'agissait d'une question d'ordre privé. Vous vous rappelez sans doute les chapitres précédents où nous affirmions qu'il est tabou d'aborder des sujets privés au cours d'un *small talk*.

3. Les Amorces Ne Sont Pas Trop Personnelles

En effet, vous pouvez être personnel, mais ne le soyez pas excessivement. Nous avons mentionné deux exemples de questions personnelles, mais elles ne correspondent pas à des informations privées. Vous ne devriez pas demander à une personne si elle est mariée, divorcée ou célibataire afin d'engager la conversation. De telles questions seraient perçues comme étant trop personnelles. Les gens qui entament des conversations de qualité savent distinguer les déclarations ou les questions privées, des questions personnelles.

Imaginez que vous discutiez avec quelqu'un, et qu'il vous demande quel est l'endroit de votre corps qui vous inquiète le plus. Que répondriez-vous? Ce n'est pas une façon idéale d'entamer une conversation, et cette question risque de gâcher la première impression que la personne essaie d'établir.

Vous devez être prudent, même lorsque vous commencez par des plaisanteries. Si vous rencontrez à nouveau la personne pour une conversation de suivi, vous pouvez être un peu plus direct (si elle l'est) parce que vous avez posé les bases, mais pour débuter, évitez d'être trop personnel.

4. Les Meilleures Amorces Manifestent un Intérêt Sincère

Une excellente qualité pour une entrée en matière est le fait que les parties s'intéressent réellement l'une à l'autre. Par exemple, vous pouvez montrer de l'intérêt pour la personne en posant des questions sur les sujets que vous aimez et que vous pensez qu'elle pourrait aimer. Si vous ne vous intéressez pas à certains domaines et que vous les introduisez dans la conversation comme amorce, vous aurez du mal à communiquer.

Vous ne saurez pas comment maintenir l'intérêt de la conversation parce que le sujet ne vous intéresse pas. Si vous ne connaissez rien au football et que vous n'aimez pas le sport, ne posez pas de questions à ce sujet.

Si vous lancez cette idée sur le football et que votre interlocuteur en a une bonne connaissance, la conversation sera unilatérale. Votre empressement à changer rapidement de sujet risque d'être déconcertant pour une personne qui est toujours enthousiaste à l'idée de parler de football.

Limitez-vous à ce qui vous intéresse et vous vous en tirerez bien. Si l'on vous interroge sur un sujet que vous ne connaissez pas, réfléchissez quelques secondes et dites que vous en ignorez tout. Demandez ensuite à votre interlocuteur de vous « éclairer ». Il vaut mieux être honnête que de donner une fausse impression de connaissance. Ensuite, lorsque vous êtes prêt, vous pouvez orienter la conversation vers un nouveau sujet sans trop vous offusquer, car la personne sait que vous n'êtes pas familier avec ce sujet.

Le guide ci-dessus présente les qualités d'une amorce réussie, ce qui signifie qu'il est idéal que celles-ci incarnent la réalité. La leçon ne s'arrête pas là : vous devez également apprendre à entamer une conversation en douceur.

Pour cela, nous devons savoir comment assurer la transition après le premier « bonjour ».

Comment Entamer une Conversation en Toute Simplicité ?

Posez une question générale

Vous pouvez commencer par poser une question directe, et écouter attentivement la réponse. Ensuite, formulez une déclaration en lien avec la réponse de votre interlocuteur, et développez la conversation à partir de ce point.

Toutefois, évitez de poser trop de questions, car la conversation doit évoluer naturellement. Voici quelques exemples de questions simples qui peuvent servir de point de départ à la conversation :

« Qu'est-ce qui vous amène à New York ce mois-ci ? »

« Que célébrez-vous aujourd'hui ? »

« Quelle région habitez-vous ? »

« Quel est votre lien avec l'hôte ? »

Pour chacune de ces questions, l'autre personne peut apporter une réponse qui mènera à d'autres discussions. Utilisez les exemples ci-dessus comme guide.

Observez l'environnement

Si vos questions initiales n'ont pas permis de dégager des idées pour la suite de la conversation, vous pouvez observer les lieux et poser des questions sur les objets ou l'environnement afin de faire une transition vers d'autres sujets. Ces questions peuvent être ouvertes, mais elles nécessitent un peu de descriptions. Si vous êtes à une soirée, vous pouvez commenter la maison, faire une observation sur la musique ou sur un aspect en relation avec l'environnement.

Vous devez faire preuve d'authenticité et de spontanéité dans vos observations, tout en évitant de critiquer ou dénigrer autrui. L'essentiel de cette entrée en matière est de connaître l'opinion de la personne, et de construire la conversation à partir de cette information.

« Que pensez-vous du décor ? »

« Vous réalisez que ce centre de table est parfait ? »

Faites une lecture à froid

Ce type de lecture est une supposition éclairée sur l'autre personne, basée sur certains détails que vous avez pu observer. Vous pouvez considérer cette étape comme une observation, tout en formulant une supposition. Ce qui est amusant avec cette entrée en matière, c'est que vous avez le droit de vous tromper.

Si vous êtes juste, la personne sera amusée, et si vous ne l'êtes pas, vous serez corrigé, mais cela ajoutera de l'humour à la conversation. La lecture à froid permet également de révéler votre côté humoristique et d'aider l'autre personne à se détendre lorsqu'elle converse avec vous.

Pour réussir une lecture à froid, vous devez être très attentif à la personne. Vous obtiendrez ainsi des détails essentiels qui vous aideront dans votre analyse à froid :

« Vous n'êtes pas d'ici, n'est-ce pas ? » — si vous avez remarqué un détail dans l'accent ou la tenue vestimentaire de la personne.

« Vous êtes passionné de sport, n'est-ce pas ? » — si la personne a donné de bons pronostics sportifs.

«Vous êtes ami avec l'hôte depuis longtemps?» — si vous observez une relation étroite entre la personne et l'hôte de l'événement.

Partagez une anecdote

Une anecdote, ou une histoire, vous permettront d'établir un lien avec la personne sur le plan émotionnel. Si celle-ci tient des propos un peu décalés, vous pouvez partager une anecdote humoristique, et dans la mesure où cette anecdote suscite l'intérêt de la personne, vous aurez bien démarré la conversation.

Voici un exemple de conversation typique qui commence par une anecdote intéressante :

Vous : «Ouah, quel beau chapeau. Vous avez un sens du style exceptionnel. »

L'étranger : «Oh, merci! Je l'ai acheté récemment à Londres. »

Vous : «Vous étiez à Londres! Il y a quelques semaines, j'étais dans cette fantastique boutique de mode. Vous ne croirez pas ce qui m'est arrivé… »

L'étranger : «Ha! ha! Oui, ça me rappelle ce qui s'est passé il y a deux jours... »

Vous : «Ouah! C'est comme ce qui m'est déjà arrivé... »

Lorsque vous amorcez une conversation par une simple histoire, comme dans l'exemple ci-dessus, l'autre personne s'ouvrira certainement, et vous entamerez tous les deux une nouvelle discussion. Les anecdotes sont un excellent moyen de communication, car nous pouvons tous nous identifier aux histoires racontées par d'autres personnes, alors faites-en un usage généreux dans vos conversations de *small talk*.

Offrez un compliment

En effet, nous aimons tous les compliments, et ceux-ci font partie des meilleures façons d'entamer une conversation. Un éloge est un excellent moyen de rendre une personne à l'aise avec vous.

Cependant, vous devez être attentif lorsque vous faites des compliments, car ils doivent être authentiques et naître d'un sentiment particulier.

Vous : « Bonjour »

L'étranger : « Bonjour (souriant) »

Vous : « Vous avez un beau sourire. »

L'étranger : « Merci, qu'est-ce qui vous amène ici ? »

Évoquez vos centres d'intérêt

Si vous vous apprêtez à parler à quelqu'un, et que vous remarquez qu'il a des centres d'intérêt en commun avec vous, vous pouvez vous en servir pour amorcer la conversation.

Supposons que vous vous trouviez dans un café, et que quelqu'un verse de la crème dans son café de façon ininterrompue. Il se peut que vous soyez semblable à cette personne, et que vous fassiez le même geste, au même moment. Vous pouvez en profiter pour entamer une conversation.

Vous : « Vous semblez aimer la crème dans votre café (petit rire). Je l'aime particulièrement aussi. »

L'étranger : « Santé, à la crème dans le café (petit rire). »

Sollicitez leur avis

Une autre excellente façon d'engager la conversation est de demander l'avis d'une autre personne. Après le bonjour initial, vous pouvez lui poser une question qui lui permettra de contribuer à la conversation dès le début. Supposons que vous voyagiez en avion. Vous pouvez demander à la personne assise à côté de vous de vous donner son avis.

Vous : « Je me sens souvent nerveux avant de voyager. Auriez-vous un conseil à me proposer pour me détendre ? »

L'étranger : « Oh, c'est triste. Vous pouvez respirer profondément et éviter de vous concentrer sur l'expérience du vol. »

Exprimez votre vulnérabilité

L'expression d'une certaine vulnérabilité est parfois un moyen efficace pour entamer une conversation ou un *small talk*. Par vulnérabilité, nous ne suggérons pas que vous vous montriez excessivement vulnérable à l'égard de vos problèmes personnels. Nous entendons simplement que vous pouvez faire preuve d'initiative, et partager certaines informations personnelles avec une autre personne.

En faisant preuve d'une certaine vulnérabilité, vous montrerez à la personne une facette de vous avec laquelle elle voudra entrer en contact. Par exemple, si vous êtes à une soirée célébrant le lancement d'un produit, et que vous ne connaissez personne, commencez par ceci :

Vous : « Je ne connais personne ici. Il m'est parfois difficile de discuter avec des inconnus. »

Étranger : « Oh, ne vous inquiétez pas, je connais la plupart des gens ici. Il vous sera plus facile d'entrer en contact avec quelqu'un. Au fait, je m'appelle Amy. Et vous ? »

Utilisez l'angle de la célébrité

Est-ce que vous avez déjà entendu quelqu'un vous faire remarquer que vous ressembliez à une personne célèbre ? Comment vous êtes-vous senti ? Flatté ? Si vous voyez une personne à l'autre bout de la pièce qui ressemble à une célébrité, vous pouvez vous diriger vers elle et utiliser cette observation comme amorce.

Cette approche est excellente parce qu'elle est authentique tout en étant amusante et humoristique. La personne sera sensible à votre compliment et se détendra. Si vous vous adressez à une femme, elle rougira probablement et une conversation intéressante s'ensuivra.

Vous : «Est-ce que quelqu'un vous a déjà dit que vous ressembliez à Jennifer Aniston ?»

L'étranger : «Oh! Ouah (rires). Oui, je crois, mais je ne vois pas la ressemblance.»

Vous : «Vous avez le même sourire. Êtes-vous du coin ?»

L'étranger : «Non, je suis originaire du nord de cette région. Et vous ?»

Je ne saurais trop insister sur l'importance de sourire, car c'est un moyen idéal pour faciliter la conversation et, surtout, pour l'amorcer. L'autre personne sourira en retour et, sans dire un mot, vous aurez tous deux une sorte d'accord, une reconnaissance silencieuse du fait que vous vous êtes vus. C'est à vous ou à l'autre personne de choisir d'engager la conversation, mais vous aurez établi un lien pendant ce bref instant.

Souriez au début de la conversation, puis en prononçant les premiers mots. Il y a quelque chose d'électrisant dans un sourire qui donne le ton à une bonne discussion, surtout au début. En plus de tout ce que vous avez appris jusqu'à présent, rappelez-vous de sourire dès le début. Est-ce que vous souriez en ce moment ? Allez-y. Est-ce que vous souriez à présent ? Nous y voilà. Continuez maintenant... (ça fonctionne chaque fois).

Si vous commencez par l'une des idées ci-dessus, l'autre personne s'ouvrira à vous, et la conversation pourra débuter. Les exemples ci-dessus sont des lignes directrices qui vous aideront à trouver vos propres idées. Essayez d'expérimenter, car chaque situation est différente. Après tout, il vaut mieux être un peu maladroit que trop rigide.

Faites une Bonne Première Impression

Bien que le *small talk* commence modestement, et semble être un moyen de communication simple, rappelez-vous qu'il s'agit d'un art que vous devez maîtriser. Le *small talk* peut ouvrir des portes. Qui sait où il vous mènera dans le futur ? C'est pourquoi vous devez faire en sorte que cette première impression soit positive. Comment débuter ?

1. Commencez par un petit geste

Les petits gestes sont des éléments essentiels qui produisent une excellente première impression. Parmi ces gestes, citons :

- Une salutation

- Un sourire

- Un compliment

Ce sont des détails dont on se souviendra longtemps parce qu'ils mènent à approfondir la conversation. Un sourire conduira à un « Bonjour », puis à un « Comment allez-vous ? », qui se transformera en discussion. Commencez par ces intentions, et vous poursuivrez sur cette lancée.

2. Évitez les filtres

Les filtres sont des mots qui vous amènent à être excessivement critique, ce qui tue le potentiel de toute conversation. Évitez de porter des jugements et de tenter d'imposer vos opinions, même si vous savez que vous avez raison.

Si vous avez tendance à trop réfléchir, mettez ce trait de caractère de côté, car il s'agit d'un *small talk* et non d'une conversation philosophique. Vos propos doivent être justes, pertinents, révélateurs, drôles et détendus.

Voici un exemple de conversation entre vous et une dame invitée à une cérémonie de mariage. La conversation montrera comment les filtres sont utilisés (ce qui n'est pas souhaitable).

Vous : « Pourquoi portez-vous une robe blanche pour le mariage ? »

La femme : « Oh, le blanc est ma couleur préférée et j'aime cette robe. »

Vous : « Mais ce n'est pas votre mariage. Ne pensez-vous pas que vous détournez l'attention de la mariée ? »

Si vous étiez la mariée, vous vous sentiriez offensée et ne voudriez plus parler à cette personne, n'est-ce pas ? Mais ce n'est pas vous. J'ai bon espoir que vous ferez beaucoup mieux !

3. Vous n'avez pas à être brillant, mais simplement aimable.

Les gens ne s'attendent pas à ce que chaque mot qui sort de votre bouche soit une révélation. Pour être tout à fait honnête, ce serait probablement une source d'ennui pour votre entourage. Tout ce dont vous avez réellement besoin pour créer des liens, c'est de la gentillesse. Les gens se sentent à l'aise lorsqu'ils discutent avec des personnes sympathiques.

Posez des questions, manifestez de l'intérêt pour l'autre personne, montrez-vous amical, enthousiaste et essayez de vous concentrer davantage sur celle-ci. Ne vous souciez pas des sujets «sérieux» ou de l'originalité des propos. Soyez sympathique et vous ferez une excellente première impression.

4. Que devriez-vous dire ?

Pour faire une première impression réussie, vous devez réfléchir à ce que vous exprimerez. Ce processus de réflexion doit avoir lieu avant de vous adresser à la personne, car il vous permettra d'étoffer la conversation.

Cette astuce vous aidera également à donner une première impression positive en créant un fil conducteur pour la discussion. Ce plan vous permettra de passer rapidement d'un point à un autre.

Mais d'abord, vous devez savoir ce que vous allez exprimer. Je vous conseille de planifier vos sujets autour de thèmes tels que :

- Le lien de la personne avec l'événement

- Les vacances

- Les relations mutuelles

Les exemples ci-dessus ne sont que quelques façons de planifier vos amorces, puis vous construirez à partir de ces concepts.

5. Construisez la conversation

La première impression est étroitement liée à la façon dont vous créez une conversation. Celle-ci se développe rapidement, car vous et votre interlocuteur pouvez passer d'un sujet à l'autre.

Si vous savez mener une conversation du début à la fin, vous serez en mesure d'établir un lien avec la personne de manière qu'elle ait le désir d'en discuter à nouveau avec vous à l'avenir.

Voici un exemple illustrant la manière dont vous pourriez construire une conversation :

Vous : « Alors, avez-vous des projets pour le week-end ? »

L'étranger : « Oui, j'ai l'intention d'essayer le nouveau menu de pâtes fraîches au restaurant italien en bas de la rue... »

Vous : « Génial, j'ai entendu qu'ils avaient de très bonnes pâtes, et ça me rappelle les vacances que j'ai prises en Italie l'année dernière, c'est un pays magnifique ! »

L'étranger : « Ouah, vous êtes allé en Italie. Maintenant, vous me donnez des idées de vacances. »

Vous : « Oh, l'Italie, c'est magnifique. Vous adorerez les paysages pittoresques et la nourriture. Avez-vous déjà mangé de la nourriture italienne authentique ? »

Vous pouvez constater qu'après avoir posé des questions sur les projets de week-end, vous avez tous deux parlé de nourriture, de vacances et de panoramas. C'est ainsi que l'on construit une discussion. Lorsque vous créez une conversation et qu'elle se déroule naturellement, vous vous sentez tous les deux à l'aise.

6. Quittez la conversation avec élégance

La manière dont vous terminerez la conversation peut également influer sur l'impression que vous donnerez à votre interlocuteur. La plupart du temps, nous nous concentrons exclusivement sur ce qu'il faut dire, et négligeons la façon de mettre fin à la conversation.

La partie la plus délicate d'une conversation avec une personne étrangère est la fin de la conversation. Parfois, il peut être utile de trouver une raison de quitter la conversation, mais vous devez y réfléchir avant de la formuler.

Lorsque vous êtes sur le point de conclure, vous pouvez utiliser l'un des exemples ci-dessous, ou vous en inspirer pour terminer élégamment.

- « Il y a quelqu'un que je dois saluer près de l'entrée. J'espère que nous nous reparlerons bientôt. »

- « Ce fut un plaisir de parler avec vous. Je dois aller me chercher un verre maintenant. »

- « Je dois effectuer un appel, mais j'ai été ravi de discuter avec vous. Veuillez m'excuser. »

Qu'est-ce que les gens préfèrent lorsqu'ils rencontrent quelqu'un pour la première fois ? Ils aiment que l'autre personne démontre de l'intérêt pour eux. La première impression est un moyen de nouer des relations avec les autres, mais tout dépend de ce que vous leur inspirerez.

En effet, ce ne sont pas les mots qui font la première impression, mais plutôt les liens qui s'établissent entre les personnes. Les gens oublieront ce que vous avez dit, mais ils se souviendront toujours de ce qu'ils ont ressenti en votre présence. Toutes les grandes amitiés débutent par de modestes conversations, comme un *small talk*, alors tirez-en le meilleur parti en créant une première impression mémorable.

Les amorces de conversation sont idéales, car elles sont comme les ponts qui relient le premier « bonjour » au reste de la discussion. La seule raison pour laquelle vous ne vous arrêteriez pas au premier

« bonjour » est qu'il existe des amorces de conversation et que, lorsque vous serez habitué à celles-ci, vous n'aurez plus à vous demander quoi dire ou comment le dire.

Dans le chapitre suivant, vous trouverez un guide des sujets de conversation et ceux que vous devriez aborder.

CHAPITRE SIX
Guide des Sujets à Aborder et à Éviter

De quoi vais-je discuter ?

Il ne suffit pas de maîtriser l'amorce d'une conversation (j'aimerais que ce soit le cas, mais ce ne l'est pas). Si une personne est douée pour entamer un *small talk*, mais ne maîtrise pas les sujets à aborder lorsqu'elle prend la parole, elle rencontrera des difficultés.

Vous êtes maintenant en mesure de démarrer une conversation en toute confiance (nous l'avons vu au chapitre 5). Nous allons donc apprendre quels sont les sujets de conversation appropriés lors d'un *small talk* et ceux qui ne le sont pas.

Nous commencerons par les sujets sans risque et les sujets à éviter.

Sujets Sans Risque

La météo

Aborder la question du temps qu'il fait peut sembler trop prévisible, mais c'est un sujet de conversation parfait parce qu'il est neutre et universel. Tout le monde peut parler de la météo, et tout le monde a une opinion à ce sujet.

Vous pouvez parler du jour, de la saison ou de la température. Vous pouvez également vous entraîner à parler du temps qu'il fait en utilisant des sujets liés à la météo. Ceux-ci sont également très utiles pour vous aider à éviter les silences embarrassants.

Les hobbies

Nous avons tous des hobbies, ces activités que nous aimons pratiquer et partager avec les autres. Vous pouvez introduire la question des loisirs après avoir pris connaissance du nom de la personne. Le fait de savoir ce qu'elle pratique comme passe-temps peut ajouter de la convivialité à la conversation.

Écoutez la personne parler de ses hobbies et, si vous avez des questions, posez-les afin de bien comprendre de quoi il s'agit.

Le travail

Le travail est un sujet de conversation populaire qui convient autant à l'émetteur qu'au récepteur. En apprenant à connaître le travail de l'autre personne, vous saurez comment progresser dans la conversation.

Concentrez-vous sur ce que vous voulez découvrir sur le travail de l'autre personne. La vie professionnelle (quelle qu'elle soit) est une partie essentielle du quotidien, ce qui en fait un excellent sujet de conversation.

Le sport

Les thèmes sportifs peuvent inclure les équipes préférées, les événements sportifs, les tournois, les parties de bowling, etc. Tenez-vous au courant des rencontres sportives telles que le football, le hockey, le golf, etc., si elles vous intéressent, et vous serez en mesure d'aborder un sujet de conversation cohérent. Lorsque c'est la saison de la Coupe du monde, on en parle partout, alors restez à l'écoute pour être informé.

Vous constaterez que les sports occupent une place prépondérante dans d'autres sections de ce chapitre, puisqu'il s'agit d'un sujet de conversation universel. Pour faciliter la discussion, concentrez-vous sur les sports qui vous passionnent personnellement.

La famille

Vous pouvez également poser des questions relatives à la famille, en utilisant des amorces de conversation telles que :

« Avez-vous des frères et sœurs ? »

« Comment vont vos enfants ? »

Soyez toujours ouvert aux questions et réponses sur le thème familial. Ce type de conversation révèle la profondeur de vos compétences en matière de communication, et vous permet d'en apprendre davantage sur votre interlocuteur.

Ville natale

Il est possible que vous souhaitiez interroger la personne sur sa ville d'origine, et que vous soyez également sollicité. Il se peut que vous soyez originaire du même endroit ou que vous connaissiez sa ville natale. Manifestez de l'intérêt pour ces sujets, car les gens voudront échanger ces informations avec vous.

L'actualité

Les actualités nous concernent tous d'une manière ou d'une autre, et en étant au courant de leurs contenus, vous serez en mesure d'entretenir des discussions sur ces sujets. Le *small talk* consiste à établir un pont entre vous et votre interlocuteur, et c'est la teneur de la discussion qui déterminera la solidité de ce pont.

À l'ère du numérique, vous ne dépendez plus des journaux, car même sur les médias sociaux, vous avez accès à l'actualité pour vous tenir au courant. Une remarque s'impose toutefois : évitez d'aborder les sujets d'actualité sous l'angle de la politique. Il est préférable de garder vos opinions à l'écart, si vous le pouvez.

Les voyages

Certaines personnes affectionnent les conversations sur le thème des vacances. Si vous voyagez fréquemment, c'est un avantage pour vous. Posez-leur des questions sur les endroits qu'ils ont visités et recommandez-leur également des destinations de voyage.

En partageant des expériences de ce genre, vous établirez un lien avec l'autre personne et créerez une excellente occasion de suivi.

Arts et divertissements

En effet, les sujets liés aux arts et aux divertissements sont parfaits pour les conversations informelles ! Les films, les émissions de télévision, les livres, la musique populaire, les restaurants, etc. sont autant de sujets de conversation pertinents.

Ce n'est pas forcément le meilleur sujet de conversation, mais c'est généralement un sujet sans risque.

Potins sur les célébrités

Il y a de nombreuses célébrités, vous n'avez donc pas besoin d'être au courant des dernières nouvelles les concernant toutes. Cependant, il est utile de connaître la vie de certaines personnes célèbres.

Ce type de conversation convient aux réunions informelles, aux fêtes décontractées et à d'autres occasions moins sérieuses. Toutefois, ne prenez pas l'initiative de ce sujet. Si quelqu'un d'autre l'aborde, suivez le mouvement.

Sujets à Éviter

Certaines questions ne sont pas permises lorsqu'il s'agit de *small talk*, parce qu'elles sont offensantes, inappropriées ou tout simplement déplacées. Nous allons analyser certains de ces sujets ci-dessous afin de vous aider à les contourner lorsque vous discutez avec quelqu'un.

Les finances

Il est inapproprié de demander à votre interlocuteur le montant de ses revenus, et de discuter de questions d'argent. Vous pouvez demander à une personne ce qu'elle fait dans la vie et d'autres aspects positifs de sa carrière, mais ne lui posez pas de questions sur son salaire ou ses primes.

L'âge/apparence

Quelle que soit l'apparence d'une personne, ne faites pas référence à son âge ou à son image. Vous ne pouvez le faire que si vous connaissez suffisamment la personne, et bien que les sujets liés à l'âge ou à l'apparence puissent sembler simples, ils sont également tabous. Abstenez-vous de demander à la personne : « Quel âge avez-vous ? »

ou « Êtes-vous enceinte ? » Ne commentez pas la prise ou la perte de poids de la personne. Vous pouvez garder ces observations pour vous, et maintenir une attitude positive tout au long de la conversation.

Le sexe

Les questions sur la sexualité et l'intimité ne devraient pas être abordées. Soyons réalistes. Surtout si vous parlez à un inconnu, vous risquez de paraître pour un individu pervers. Évitez de parler ouvertement de vos préférences sexuelles, et ne faites pas de références ou d'allusions sexuelles. Tous ces éléments mettront l'autre personne mal à l'aise, et compromettront la conversation.

Les ragots personnels

Les bavardages sur les célébrités sont acceptables (nous aimons tous un peu de drame hollywoodien), mais les ragots sur les personnes que vous connaissez personnellement sont interdits. Ne colportez pas de rumeurs sur les autres, car cela vous donnerait une mauvaise image, et la personne à qui vous parlez pourrait connaître le sujet de vos bavardages.

Faites preuve de bonté. Ne soyez pas médisant à l'égard des autres personnes. Si vous devez parler de quelqu'un au cours de la conversation, il convient de le faire en toute bonne foi, avec positivité et gentillesse.

La politique

La politique constitue une menace pour le succès d'un *small talk*, car vous ne pouvez jamais savoir si votre interlocuteur a des opinions politiques divergentes des vôtres. Au risque de vous retrouver au milieu d'une conversation houleuse et désagréable, abstenez-vous de parler de politique lorsque vous faites un brin de conversation.

Les relations antérieures

Les relations du passé peuvent représenter une zone d'ombre pour certaines personnes, en particulier si elles ne se sont pas conclues dans des conditions mutuelles. Le fait de poser des questions sur les relations passées d'une personne revient à s'immiscer dans sa vie privée, ce qui risque d'en agacer plus d'un.

La religion

Certains sujets sont personnels et potentiellement sensibles. Par conséquent, vous devez éviter de les mentionner au cours d'un *small talk*. Quelles que soient vos préférences religieuses, vous devez admettre que les gens ont leurs propres opinions, et que vous ne pouvez pas leur imposer vos idées.

La mort

La mort est un sujet particulièrement délicat qu'il convient d'éviter. Au cours d'un *small talk*, il est préférable de ne pas aborder le thème de la mortalité, car il est généralement trop chargé pour être évoqué en présence d'étrangers.

Certains sujets peuvent être très bouleversants, au point que la ou les personnes à qui vous parlez ne voudront peut-être pas poursuivre la conversation par la suite. Mais qu'en est-il si vous êtes à des funérailles ?

Vous pouvez parler de la vie de la personne décédée, et tenter d'être optimiste en étant à l'écoute de la personne en deuil. Cependant, n'évoquez pas la question de la mort parce que ces gens tentent de surmonter cette épreuve.

Les blagues offensantes

Ce n'est pas pour rien que l'on parle de blagues offensantes. Vous ne savez jamais qui peut trouver vos blagues choquantes, même si vous voulez plaisanter et que vous ne voulez pas vexer qui que ce soit.

Les blagues comportant des remarques sexistes, des commentaires racistes ou des stéréotypes doivent être évitées en présence d'étrangers. En effet, elles peuvent être drôles pour vous, mais cela ne signifie pas qu'elles ne seront pas blessantes pour les autres personnes.

Sujets entre amis

Les amis sont formidables et vous pouvez leur parler quand vous le souhaitez, mais si vous vous retrouvez sans sujets de conversation, voici quelques idées.

Questions « Vérités/Conséquences »

Ce type de jeu est constitué de questions amusantes à poser à des amis, en particulier lors d'une fête ou d'un événement convivial. Vous pouvez profiter d'une discussion divertissante qui va et vient avec ces questions.

Quelques exemples :

« Quel était votre surnom à l'école ? »

« Vous est-il déjà arrivé de ne pas vous rendre à temps aux toilettes ? »

« Quelle est la pire bêtise que vous n'ayez jamais commise ? »

Tentez de ne pas utiliser ces questions comme des amorces, car, idéalement, elles devraient intervenir lorsque la discussion est à son apogée et que vous et vos amis êtes très à l'aise les uns avec les autres.

Questions Approfondies

Bien que vous parliez à des amis, vous pouvez aussi aborder des questions plus profondes qui ont trait à des sujets sérieux. Il s'agit de questions que vous posez pour avoir une idée plus précise de la situation de vos amis, en particulier dans les moments difficiles.

En voici quelques exemples :

« Comment vont vos parents ? »

« Qu'est-ce qui vous pose le plus de problèmes ? »

« Que pensez-vous d'un diplôme supplémentaire ? »

Notez que certaines de ces questions ne sont pas des amorces de conversation, mais qu'elles peuvent être insérées dans la conversation en cours. Veillez à ce que les questions soient posées au bon moment, et qu'elles soient adaptées à l'occasion.

Questions sur le Thème des Préférences

Certaines questions sont humoristiques et font preuve d'esprit. Ces sujets peuvent également être intégrés à d'autres conversations afin de détendre l'atmosphère. En voici quelques exemples :

« Préférez-vous les appels ou les textos ? »

« Danseriez-vous de manière incontrôlée ou chanteriez-vous à n'importe quel moment de la journée ? »

« Préférez-vous devenir riche ou vivre un mariage heureux ? »

Ces questions peuvent ajouter beaucoup de plaisir à n'importe quelle conversation avec vos amis.

Questions Amusantes

Qui n'aime pas les conversations divertissantes? Tous les affectionnent! Les questions amusantes nous font rire et nous détendent tout en échangeant des informations. Il existe des types de questions particulières qui peuvent déclencher une conversation très distrayante.

En voici quelques exemples : «Quel est le souvenir le plus amusant que vous gardez de la colonie de vacances?»

«Si vous étiez le leader d'un groupe de musique, quel serait le nom de votre groupe?»

Questions Occasionnelles

Les questions décontractées sont celles que l'on pose régulièrement sans être obligé de réfléchir à une réponse, mais elles sont également idéales pour les *small talks* entre amis. Les questions informelles portent sur des sujets aussi variés que les films ou les jours de la semaine.

En voici quelques exemples :

«Quelle est votre couleur préférée?»

«Avez-vous vu un bon film récemment?»

«Quelles sont les activités que vous pratiquez pendant vos temps libres?»

Les questions ci-dessus sont stratégiques, car elles permettent à des amis d'entamer une conversation qui les amènera à mieux se connaître. Au fur et à mesure que vos amis s'ouvrent à vous, partagez également vos réflexions.

Sujets sur le Lieu de Travail

Discuter au bureau ou sur le lieu de travail semble être la tâche la plus facile, n'est-ce pas ? Pourtant, cela peut s'avérer difficile pour certaines personnes qui se sentent mises à l'écart lorsque leurs collègues discutent de sujets particuliers.

Peut-être que tout le monde parle de football, d'une série télévisée ou d'un événement à venir, et vous vous sentez perdu. Voici une bonne nouvelle : vous n'êtes pas seul ! Vous pouvez changer cette situation grâce aux conseils ci-dessous, et créer un terrain d'entente avec vos collègues.

Vous pouvez faire évoluer la discussion à votre guise, même si elle porte sur un sujet qui ne vous est pas familier ou que vous n'aimez pas. Il vous suffit de prendre les devants en posant les questions qui correspondent à votre style de conversation.

Toutefois, vous devez d'abord connaître certains des domaines à couvrir, et c'est ce que vous trouverez ci-dessous :

Veuillez noter que ces conseils sont des questions qui vous aideront à entamer la conversation.

La Culture Populaire

Tout le monde aime la culture pop ! Un excellent moyen de parler de ce sujet est d'aborder une scène de film, ce qui permet d'engager rapidement la conversation. Même si vous n'avez pas vu la série *The Crown* sur *Netflix*, vous pouvez hocher la tête poliment lorsque votre interlocuteur parle ou évoque une série qu'il a regardée ou qu'il a aimée.

Essayez l'une des formules suivantes :

« Je viens de m'abonner à *Netflix*. Quel film me conseillez-vous d'ajouter à ma liste ? »

« J'ai l'intention de regarder une nouvelle série en boucle. Avez-vous des recommandations ? »

« Je suis à la recherche de nouveaux genres de musique à ajouter à ma sélection. Qu'écoutez-vous en ce moment ? »

Qu'Avez-Vous en Commun ?

Indépendamment de ce que vous faites au bureau, vous avez certainement un ou deux points communs avec une autre personne. Vous mangez probablement avec vos collègues, vous vous déplacez avec eux et vous faites d'autres activités ensemble. Il existe donc des moyens d'entamer la conversation facilement à l'aide de cette idée.

Tentez l'un des conseils suivants :

« Quel est votre endroit préféré pour déjeuner ici ? »

« Je vois que vous préférez l'imprimante qui se trouve dans la zone de rangement à celle qui se trouve à l'avant… c'est aussi mon cas. »

« Savez-vous comment je peux contourner les travaux de construction dans la rue principale ? »

La Vie de Bureau

La vie professionnelle est un sujet que vous et vos collègues avez en commun. Ce genre de sujet touche presque chacun d'entre nous.

Essayez ces suggestions :

« Qu'est-ce qui se cache derrière l'odeur de la photocopieuse ? »

« La nouvelle salle de repos est géniale. »

« Dites-moi que je ne suis pas le seul à être resté bloqué dans le quatrième ascenseur, et à avoir failli subir une crise de panique ! »

« Est-ce que vous trouvez toujours un endroit où vous garer en bas de chez vous ? »

Parlez de Vous

Un excellent moyen d'engager la conversation au bureau est d'être soi-même. Soyez authentique en parlant des problèmes amusants et honnêtes que vous rencontrez, et dont les autres peuvent souffrir, mais qu'ils ne veulent peut-être pas aborder. Cessez d'essayer d'être « cool ». Nous voulons tous que vous soyez vous-même afin que les gens puissent s'identifier rapidement à vous.

Voici quelques conseils utiles :

« Quelqu'un est-il aussi envoûté que moi par le gâteau au citron que l'on sert au déjeuner ? »

« J'adore les vendredis. J'ai tendance à faire le compte à rebours à partir de lundi. Je ne peux pas être le seul à faire ça. »

Les Voyages

La plupart des collègues de bureau voudront certainement parler de vacances, que ce soient des voyages passés ou des aspirations futures. Les sujets liés aux vacances sont parfaits pour les *small talks* sur le lieu de travail.

Si vous avez beaucoup voyagé, n'essayez pas d'en mettre plein la vue à vos collègues. Soyez modeste, mais enthousiaste à l'idée de partager vos expériences. Faites preuve de votre intérêt lorsqu'ils partagent eux aussi leurs expériences, et appliquez les conseils suivants :

« Quel est le dernier endroit où vous avez voyagé ? »

« Quel est le prochain voyage que vous avez prévu pour l'été ? »

« Si vous pouviez vous offrir un congé sabbatique, où iriez-vous et que feriez-vous ? »

Small Talk pour les Entreprises et les Ventes

Le *small talk* est un aspect essentiel de la vente, et lorsque vous y ajoutez un peu de créativité, vous pouvez faire grimper vos chiffres d'affaires. Si vous travaillez dans le secteur de la vente, ou si vous êtes entrepreneur, vous conviendrez que certains clients sont des acheteurs émotionnels.

Ceux-ci comprennent l'importance de votre produit dans leur vie, mais ont besoin d'un lien avec le commerçant avant d'effectuer un achat. Ces clients ne se lassent jamais d'être rassurés. Et quand le deviennent-ils ? Lors des *small talks* !

Le *small talk* vous aide à établir un lien de confiance avec les clients, ce qui vous permet de gagner le temps nécessaire pour que le candidat prenne une décision après avoir écouté votre argumentaire de vente. La difficulté du *small talk* pour la vente est de savoir comment l'utiliser efficacement et comment créer une dynamique. Vous devez être en mesure de satisfaire les clients potentiels en leur posant des questions et en répondant à leurs questions.

Comment y parvenir ?

1. Soyez bref et concis.

Dans le monde des affaires, le temps est un facteur essentiel, et si vous voulez attirer l'attention des gens, vous devez leur montrer que vous respectez leur temps. Les clients potentiels ne s'intéressent pas à vos longs commentaires sur la qualité de votre modèle d'entreprise ou de votre produit.

Tout ce que vous dites doit être bref et contenir des informations pertinentes qui maintiendront leur attention. Si vous y parvenez suffisamment bien, vous aurez une autre occasion d'échanger une conversation de suivi plus approfondie.

2. Posez des questions sur le secteur d'activité du client potentiel.

En posant des questions sur le marché du prospect, vous lui permettez de mener la conversation (ne vous inquiétez pas, vous aurez le temps de présenter votre argumentaire de vente).

Lorsque vous posez des questions sur son travail, vous avez un avantage, car la personne se sentira beaucoup plus à l'aise avec vous. Cette étape, ainsi que d'autres, vous permettra d'obtenir une première piste pour réaliser des ventes importantes.

3. Passez du général au particulier.

Après avoir posé des questions sur les activités du client potentiel, vous devez vous tourner vers une idée distinctive plutôt que vers une idée générale. Par «distinctive», je veux souligner que vous devez établir un lien subtil entre ce que vous proposez et ce dont le prospect aura besoin dans le cadre de sa vie professionnelle.

Voici l'exemple d'une entreprise pour laquelle vous travaillez, ou avec laquelle vous collaborez, qui vend du matériel de cuisine, et dont vous êtes le directeur des ventes. Votre équipe doit vendre à des restaurants et à des familles.

En discutant avec le directeur de McDonald's, par exemple, vous pouvez, grâce à cette étape, établir un lien distinctif entre le nouvel ensemble de grillades que vous commercialisez, et la manière dont il peut aider les employés de McDonald's à obtenir une grillade de bœuf parfaite.

L'idée générale est «équipement de cuisine» et l'article particulier est «ensemble de grillades». Je vous conseille de passer du général au particulier, car cela stimulera les ventes et vous permettra d'obtenir d'excellents résultats en matière de *small talk*.

4. Demandez l'avis du client potentiel

Par la suite, vous devriez solliciter le point de vue du prospect en lien avec son secteur d'activité professionnelle. La raison pour laquelle vous devez franchir cette étape dans le cadre du *small talk* pour la vente est qu'elle vous donnera un aperçu de la possibilité de conclure l'affaire.

Découvrez ce que le client potentiel pense du nouveau produit. Ce dernier va-t-il résoudre ses problèmes? En posant ce type de question, vous obtiendrez l'avis sincère du client, ce qui contribuera également à enrichir vos données de vente.

5. Présentez votre proposition

Lorsque votre client potentiel est détendu, vous pouvez changer le cours de la conversation et aborder votre présentation commerciale. À ce stade, le client a déjà une idée de ce que vous voulez proposer.

Cependant, vous devez prendre l'initiative de lui présenter des informations utiles et lui démontrer que vous respectez son temps par votre franchise. Vous constaterez qu'il vous sera plus facile de conclure la vente sur une note positive en utilisant cette approche.

Questions Relatives au *Small Talk* (bonus)

Dans cette partie du chapitre, vous trouverez des questions brèves et aléatoires qui constituent un complément précieux à tout ce que vous avez appris jusqu'à présent. Ces questions portent sur des sujets variés.

1. Quel est le meilleur conseil que vous ayez reçu dans votre carrière ?

2. Quel est votre restaurant préféré ?

3. Avez-vous déjà voyagé en Afrique ?

4. Qui est votre personnalité préférée sur *Instagram* ?

5. Quel est votre plat réconfortant favori ?

6. Si vous pouviez vous rendre n'importe où, où iriez-vous ?

7. Avez-vous des suggestions de *podcasts* pour les trajets routiers quotidiens ?

8. Lisez-vous un livre en ce moment ?

9. Quel film pourriez-vous regarder à plusieurs reprises sans vous en lasser ?

Ces questions ne sont pas des amorces, mais des préparations à la conversation elle-même. Vous pouvez toujours changer les mots pour refléter la situation particulière dans laquelle vous vous trouvez, mais ces questions vous aideront à vous exercer. Et que révèlent-elles à propos de l'entraînement? C'est ainsi que l'on devient meilleur. Connaître les sujets courants et ceux qui sont interdits est probablement l'aspect le plus crucial du *small talk*. En effet, une grande partie de la conversation portera sur les sujets dont vous et l'autre personne discuterez.

Nous avons découvert les sujets sur lesquels il faut se concentrer, mais aussi ceux qu'il faut éviter pour avoir une perspective équilibrée de la situation. Vous avez bien travaillé jusqu'à présent et vous devez continuer sur votre lancée, car il reste encore de nombreux éléments de ce discours à décortiquer. Le chapitre suivant vous propose un guide sur la façon de poursuivre la conversation. La tâche devrait être aisée puisque vous connaissez les sujets sur lesquels vous devez vous concentrer et ceux que vous devez éviter.

CHAPITRE SEPT
Maintenir la Conversation

Certaines personnes conviendront qu'il est relativement facile d'entamer un *small talk*, surtout si l'on s'est entraîné. Mais que faut-il savoir pour s'assurer que la conversation se poursuit ? Comment pouvez-vous maintenir le rythme de l'autre personne ? Comment pouvez-vous prévoir ce que l'autre interlocuteur dira, et qui modifiera le cours de la conversation ?

Ces questions sont cruciales et vous trouverez des éléments de réponse dans ce chapitre. Nous y découvrirons comment éviter de se retrouver à court de sujets de conversation, afin de maintenir le flux de la discussion. Vous y apprendrez en outre ce que signifient respectivement les méthodes FORD et ARE.

Le but de celles-ci est d'éviter les silences gênants. Nous débuterons par des suggestions afin de ne pas nous retrouver à court d'idées de conversation.

Conseils pour Éviter les Pannes d'Idées

Nous avons tous connu ces moments de conversation où notre esprit s'éteint en plein milieu de la discussion. Vous cherchez frénétiquement dans votre cerveau ce que vous pourriez ajouter, n'importe quoi, et plus vous essayez, plus vous avez du mal à y parvenir.

Un silence gênant s'installe, puis vous réfléchissez de manière excessive :

« Suis-je incompétent en matière de *small talk* ? »

« Qu'est-ce que cette personne va penser de moi ? »

« Qu'est-ce qui ne va pas chez moi ? »

Si cela vous est déjà arrivé, vous conviendrez que cette situation est désagréable ! Mais ne vous inquiétez pas, nous allons maintenant y remédier (comme nous l'avons fait jusqu'à présent). Si vous ne savez plus quoi ajouter, c'est parce que vous ne vous êtes pas suffisamment entraîné, et vous avez probablement été distrait pendant que l'autre interlocuteur était occupé à s'exprimer.

L'entraînement et la présence sont deux éléments cruciaux à garder en mémoire pendant que vous engagez une conversation. Lorsque vous serez présent, vous pourrez mettre à profit les idées que je m'apprête à partager avec vous, sur la façon de ne jamais être à court d'idées.

Vous trouverez ci-dessous trois stratégies sociales essentielles qui vous seront très utiles.

Première stratégie

En premier lieu, l'approche « analyse rapide » vous permet de conserver votre avantage en matière d'actualités et d'informations. Chaque jour, avant de partir de la maison, parcourez les médias sociaux, les journaux en ligne et d'autres plateformes passionnantes à la recherche d'informations récentes.

Si vous faites cet effort, c'est pour vous permettre d'utiliser les titres ou les sujets (ceux qui ne sont pas sensibles ou radicaux) comme amorce de conversation. Avec cette méthode, vous disposez d'un filet de sécurité qui vous offre la possibilité d'introduire de la nouveauté dans la conversation.

Par exemple, au bureau, vous pouvez commencer par :

Vous : «J'ai vu ce commentaire de Serena Williams sur *Instagram* juste avant de quitter la maison. »

La collègue : «Vraiment? De quoi s'agissait-il ? »

Vous : «Elle vient de lancer sa ligne de vêtements. »

La collègue : «Ouah, j'ai toujours aimé Serena. J'ai hâte de voir cette collection. »

Dans l'exemple ci-dessus, il est évident que l'autre personne aime la mode. Cette méthode fonctionne bien avec les collègues de bureau ou toute autre personne dont vous connaissez les goûts (sport, mode, etc.).

Deuxième stratégie

La deuxième stratégie est la méthode des «rayons», qui vous permet d'entrer en contact avec n'importe qui sur des sujets variés. Le mot «rayon», qui est utilisé pour cette méthode, provient des roues d'une bicyclette. Ceux-ci indiquent que même si vous ne connaissez pas vraiment le sujet de la discussion, vous pouvez rouler dans cette direction, comme les rayons.

Le *small talk* est le centre de la roue et les rayons sont les sujets qui s'étendent à partir du centre. Les rayons peuvent être différents, mais la conversation doit s'enchaîner, et vous pouvez introduire un sujet qui vous plaît, si vous êtes peu familier avec le sujet actuel.

Ne cherchez pas à faire obstruction à votre interlocuteur s'il discute de randonnée, par exemple, et que vous n'y connaissez rien. Vous n'êtes pas obligé de poursuivre sur le thème de la randonnée. Au contraire, réfléchissez à la question, et mentionnez un sujet semblable à la randonnée qui vous est familier.

Vous pouvez également jouer le rôle du novice en posant des questions sur la randonnée. Au fur et à mesure que votre interlocuteur vous fournira des informations, vous serez en mesure de suivre le mouvement. Dans l'ensemble, la méthode des rayons vous enseigne que vous pouvez engager une conversation avec n'importe qui, sur n'importe quel sujet.

Voici un exemple :

L'étranger : «Alors, avez-vous fait de la randonnée dernièrement?»

Vous : «Ouah, est-ce que les gens font de la randonnée par un tel temps?»

L'étranger : «Oui, ils le font.»

Vous : «Oh, c'est fantastique. Personnellement, je préfère les courses de vélo de montagne. Avez-vous déjà participé à l'une d'entre elles?»

L'étranger : «Oui, j'y suis allé, et j'ai bien aimé.»

Si la méthode des rayons fonctionne, c'est parce qu'elle est gagnante pour tous. Vous pouvez engager une conversation agréable sans silences ni pauses gênantes.

Toutefois, vous devez résister à l'envie de corriger ce que vous dites, en particulier après l'avoir dit. Laissez la conversation suivre son cours naturel, car elle n'a pas besoin d'être parfaite. Elle se doit d'être suffisamment agréable.

Troisième stratégie

Cette troisième stratégie vous apprend à éviter de trop réfléchir lorsque vous conversez, et à ne pas hésiter lorsque vous répondez à votre interlocuteur. L'hésitation vous fera trop réfléchir, et vous apportera des réflexions telles que « je ne peux pas dire ça » ou « je n'ai pas de réponse à apporter à cette question. » De même, vous risquez de ne pas saisir des occasions, car en hésitant, vous permettez à l'autre de dominer la discussion. Au fur et à mesure que celle-ci progresse, ce que vous aviez à l'esprit devient de moins en moins pertinent.

Lorsque vous cessez de trop réfléchir et que vous agissez, vous apprenez et évoluez plus rapidement. Comment cette stratégie fonctionne-t-elle ?

Tout d'abord, présentez-vous à la ou aux nouvelles personnes, s'il s'agit d'un groupe. Rattrapez ensuite le retard sur le sujet en cours, en donnant votre avis.

Ensuite, assurez-vous d'aborder des sujets intéressants qui sont homogènes au discours central.

Maintenez un état de curiosité à leur égard, ce qui vous stimulera à faire leur connaissance.

En suivant les étapes ci-dessus, vous obtiendrez rapidement des résultats positifs lors de vos *small talks*. Vous mènerez des conversations plus engageantes, qui auront un impact durable et qui feront partie de vous. Ainsi, chaque fois que vous engagerez une discussion, vous ne vous interrogerez plus sur ce qu'il faut dire.

Il est essentiel d'acquérir une certaine confiance en soi pour atteindre l'objectif que vous vous êtes fixé en matière de *small talks*. Contrairement à l'opinion générale, tout le monde peut développer la confiance sociale, il vous suffit de respecter les DEUX idées GÉNÉRALES que j'ai mentionnées précédemment : entraînement et présence.

Avec un entraînement constant et une présence intentionnelle, vous pourrez toujours maintenir le rythme d'une conversation. Avec le temps, vous apprendrez naturellement à maîtriser ce genre d'exercice.

Méthode FORD

Les lettres de la méthode FORD représentent des sujets qui peuvent être utilisés dans une conversation comme amorce avec quiconque.

F : Famille, vous pouvez poser des questions sur la famille pour connaître davantage l'autre personne. Il est possible que, plus tard dans la conversation, vous fassiez à nouveau référence à celle-ci, et si vous avez construit une base solide avec cette entrée en matière, ce ne sera pas une source d'embarras.

O : Occupation, vous vous souvenez de ce que nous avons mentionné dans un chapitre précédent ? Les gens aiment parler de leur travail. Une autre façon d'entretenir la conversation est de leur poser des questions sur leur profession, leur occupation professionnelle.

R : Récréation. L'amusement ! Nous aimons tous parler de divertissement, et c'est un excellent sujet pour entretenir les conversations.

D : Désirs, cette idée se rapporte aux rêves d'avenir, aux ambitions et au genre de projet que la personne voudrait réaliser. La plupart des gens se sentent à l'aise lorsqu'on leur pose des questions sur leurs désirs.

Si vous voulez éviter toute maladresse dans votre conversation, vous devez faire preuve d'une grande capacité d'écoute. Si la personne mentionne un détail que vous n'avez pas saisi, ou que vous n'avez pas compris, demandez-lui poliment de répéter afin que vous puissiez comprendre ce qu'elle veut dire. Soyez ouvert au partage tout en posant des questions !

La méthode ARE

La méthode ARE, mise au point par Carol Fleming, experte en communication et docteure en orthophonie, est excellente pour les *small talks*. Il s'agit d'un processus en trois parties, chaque lettre correspondant à une étape particulière.

A : Cette lettre représente le « point d'ancrage », c'est-à-dire un élément qui vous relie à l'autre personne. Comme vous venez de la rencontrer, le point de départ de la conversation devrait être un commentaire sur ce que vous pouvez tous les deux observer et expérimenter.

Le point d'ancrage est un moyen d'établir un lien instantané avec l'autre personne en utilisant les événements ou les circonstances actuelles qui vous entourent. À ce stade « A », vous n'avez pas à vous soucier de trouver un sujet brillant ou grandiose. Une approche agréable et directe suffit.

Par exemple, si vous assistez tous les deux à l'anniversaire d'un homme âgé, vous pouvez dire : « Quelle belle soirée pour fêter ses 80 ans ! » Le « A » de la méthode ARE vous aidera à bien commencer, et à poursuivre la conversation.

R : Cette lettre correspond à « révéler », ce qui signifie que vous dévoilez un aspect de votre personnalité. Ce que vous dites sur vous doit être en corrélation avec la façon dont vous avez ancré la conversation.

Après la première affirmation sur la soirée en lien avec la première partie, vous pouvez ajouter : « J'ai déjà participé à des événements de ce type l'année dernière, mais la météo n'était pas aussi agréable. »

E : Cette lettre est l'abréviation du mot « encourager », qui se rapporte à la manière dont vous pouvez inviter la personne à répondre en lui posant une question. Lorsque nous ne parvenons pas à maintenir la conversation, c'est parce que nous ne permettons pas à l'autre personne d'exprimer son opinion. En reprenant notre exemple, vous pouvez demander : « Et vous ? Avez-vous déjà assisté à une telle célébration de la vie ? » Lorsque la personne répond, l'étape suivante consiste à poursuivre l'échange. Comment pouvez-vous y parvenir ?

Vous pouvez poursuivre la discussion en posant d'autres questions, et en apportant des commentaires complémentaires. Essayez surtout de maintenir un équilibre entre les explications et les questions, car trop de commentaires de votre part pourraient empêcher l'autre personne d'en faire autant. De plus, si vous posez de nombreuses questions, vous donnerez l'impression d'interroger votre interlocuteur.

Vous vous demandez peut-être ce qu'il faut faire en cas de silence dans la conversation. Voici ce que vous pouvez envisager : rappelez-vous l'acronyme FORM !

Effectivement, nous avons un autre acronyme, et il signifie :

Famille : Vous pouvez demander à la personne de vous parler de sa famille. A-t-elle des enfants ? Des petits-enfants ?

Occupation professionnelle : Vous pouvez également interroger la personne à propos de ce qu'elle fait dans la vie, ce qu'elle aime particulièrement dans son travail et d'autres informations sur sa profession (sans être indiscret).

Récréation : Les sujets relatifs aux loisirs peuvent prendre la forme de questions sur les vacances, sur ce qui figure sur la liste de ses projets de voyage, etc.

Motivation : Avec la motivation, votre objectif est d'inciter l'autre personne à partager davantage avec vous. « Avez-vous l'intention d'assister à d'autres événements de ce type par la suite ? »

La méthode FORM a pour but de vous aider à éviter la façon habituelle de poursuivre la conversation, qui consiste à poser des questions ennuyeuses, et à faire des déclarations telles que « Bonjour, comment allez-vous ? », « Comment s'est passée votre semaine ? » « Je vais bien. » Cette méthode vous permet d'être plus performant.

Même si vous devez vous contenter de cette approche typique, essayez d'y apporter des réponses plus intéressantes.

Quelques conseils pour vous :

Mentionnez votre nom plus d'une fois, car il est facile pour la personne d'oublier votre nom au cours d'une discussion. La répétition, dans ce cas, favorise la mémorisation et constitue un excellent moyen de faire une première impression.

Évitez également les réponses en un seul mot telles que « oui », « ouais », « non ». Ces réponses sont trop brèves et donnent l'impression que vous n'êtes pas disposé à engager une conversation.

Enfin, terminez toujours par la phrase « Je dois... », comme dans « Excusez-moi, je dois passer un appel rapidement » ou « J'ai été ravi de vous rencontrer, mais je dois aller me chercher quelque chose à manger. » Vous pouvez également formuler des commentaires de départ tels que « J'ai aimé vos récits de voyage » et « J'espère vous revoir bientôt. »

Une caractéristique très frappante du *small talk* est qu'il existe un système, et une fois que vous le connaissez, vous pouvez le mettre en œuvre, quelle que soit la personne à qui vous parlez. Les notions présentées dans ce chapitre ont révélé certains de ces modes de fonctionnement, ainsi que leur utilisation. Celles-ci seront très bénéfiques pour vous à long terme, une fois combinées à toutes les autres notions que vous avez apprises jusqu'à présent.

Nous approchons la conclusion, car le prochain chapitre sera consacré à la manière dont vous pouvez mettre fin à la conversation avec votre interlocuteur, de façon élégante. Que devez-vous faire lorsque vous avez terminé votre conversation ? Vous éloignez-vous ? Souriez-vous et faites-vous un signe de la main ? Comment doit-on mettre fin à un *small talk* ? Nous le découvrirons dans le prochain chapitre.

CHAPITRE HUIT

Conclure un *Small Talk* avec Élégance

———◆———

Peu de gens savent que nous devons nous exercer à mettre fin à une discussion avec élégance. Par conséquent, les gens apprennent les règles de la conversation, mais ne planifient pas la sortie.

En effet, il est important de produire une première impression de qualité, mais qu'en est-il de la dernière impression ? Que devez-vous dire lorsque la conversation s'achève ? Comment l'exprimer ? Qu'en est-il du principe de la conclusion en douceur ? Est-il possible de créer une excellente dernière impression dont les gens se souviendront ? Nous allons le découvrir.

Que Dire et Comment le Dire ?

Il y a plusieurs raisons pour lesquelles une personne souhaite mettre fin à une conversation. Elle peut vouloir conclure parce qu'elle doit retourner à une tâche antérieure, ou faire des courses. Il se peut aussi qu'elle ne soit plus d'humeur bavarde, ou qu'elle veuille abréger la conversation.

La manière dont vous terminez une conversation dépend également du contexte. Vous avez peut-être croisé quelqu'un d'autre, ou vous avez reçu un appel téléphonique inattendu. En règle générale, lorsque vous entamez une conversation avec quelqu'un, il est toujours préférable de prévoir le moment où vous la terminerez.

Si vous vous y prenez à temps, vous pourrez clore la conversation à la perfection. Toutefois, le moment n'est jamais immuable, surtout lorsque la conversation devient passionnante, et que vous vous sentez à l'aise avec l'autre personne. Poursuivez la conversation aussi longtemps que vous le souhaitez et clôturez-la harmonieusement.

Alors, que devez-vous dire pour conclure la conversation ?

Terminer rapidement et simplement

Vous n'avez pas besoin de formuler une phrase formelle pour mettre fin à la conversation, ou de vous exprimer en termes pompeux. Une grande déclaration n'est pas nécessaire, car elle vous ferait prolonger la conversation, ce qui finirait par rendre la situation gênante pour vous et votre interlocuteur.

Dites au revoir rapidement et de façon nette, de sorte qu'il n'y ait pas de place pour une discussion supplémentaire qui ruinerait l'ensemble de l'expérience pour vous deux. Il n'y a pas de mal à dire que vous devez partir sans autre forme de discours. Voici quelques exemples :

« Je dois partir maintenant. C'était un plaisir de vous parler. »

(Au cours d'un appel téléphonique) « Eh bien, je dois y aller maintenant. Que diriez-vous que l'on poursuive cette conversation plus tard ? »

« D'accord (acceptez ce qu'ils disent). »

« Profitez du reste de la soirée. Au revoir. »

Les exemples ci-dessus illustrent la manière dont vous pouvez mettre fin à une conversation rapidement, sans commentaires supplémentaires. Cette étape n'est qu'un moyen parmi d'autres de conclure une discussion (nous en présenterons plusieurs autres, au fur et à mesure que nous avancerons). Ce qu'il faut retenir, c'est que vous pouvez terminer rapidement et simplement.

Quitter une discussion de groupe

La règle pour une discussion de groupe est différente, car vous n'êtes pas obligé de dire quoi que ce soit de particulier. Si vous avez rejoint une discussion de groupe lors d'une soirée, vous pouvez décider de partir après quelques minutes.

Dans ce cas, il vous suffit de quitter les lieux. Dans les discussions de groupe, les gens entrent et sortent sans interrompre le flux de la conversation. Mais si le fait de partir en silence est trop inconfortable pour vous, indiquez discrètement que vous partez en faisant un petit signe de tête ou un signe de la main.

Vous pouvez également donner un léger coup de coude à la personne qui se tient à côté de vous parce qu'elle est à votre portée et l'avertir que vous partez.

Résumer vos propos

Une autre façon de terminer la conversation de manière courtoise est de résumer ce que vous avez dit. Cette méthode est un excellent moyen de faire la transition entre le *small talk* et sa conclusion, avec grâce.

Commentez le dernier sujet abordé, puis résumez rapidement la discussion avant de vous retirer. Voici quelques exemples qui vous serviront de guide :

«Oui, il est clair qu'il s'est passé de nombreux événements au sein de l'entreprise. Quoi qu'il en soit, je dois y aller maintenant. Nous nous retrouverons à un autre moment. »

«Vous avez tout dit; l'architecte du bâtiment aurait pu faire mieux. Espérons que ce sera le cas la prochaine fois que nous participerons à l'assemblée. À plus tard. »

Partir sans trop vous étendre

N'encombrez pas la fin d'une conversation avec des discussions excessives sur des sujets non pertinents, et n'essayez pas d'apporter de nouvelles idées qui susciteraient d'autres discussions. N'oubliez pas que vous êtes à la conclusion de la conversation, et que vous êtes prêt à y mettre un terme, alors faites-le sans vous compliquer la vie.

Terminer avec élégance

Il est parfois difficile de mettre un terme à un *small talk*, c'est pourquoi vous devez vous préoccuper de la manière dont vous le concluez. Nous examinerons ci-dessous quelques conseils et idées que vous pouvez mettre en pratique :

Vous n'êtes pas seul à vouloir conclure la conversation

Si vous êtes impatient de mettre fin à la conversation, sachez que vous n'êtes pas seul, car l'autre personne peut également y penser. La plupart des gens qui s'engagent dans un *small talk* savent qu'il y aura une fin et sont disposés à y mettre un terme au moment où vous en aurez l'intention.

Pour que vous puissiez vous retirer avec élégance, ne craignez pas de blesser l'autre personne lorsque vous devez mettre fin à la conversation. Le fait de savoir qu'il pense peut-être à la même idée vous aidera à vous détendre et à mettre fin à la conversation en toute simplicité.

Prévoir la conclusion

Lorsque nous sommes sur le point de mettre fin à une discussion, il est judicieux d'y faire allusion au préalable. En effet, le *small talk* n'est pas un sujet vraiment sérieux, mais si vous êtes excellent dans ce domaine, le fait que vous soyez sur le point d'y mettre un terme pourrait décevoir votre interlocuteur.

Pour conclure avec élégance, vous devez amortir l'impact de votre départ en le prévoyant. En procédant ainsi, vous programmez également l'esprit de votre interlocuteur pour qu'il se prépare à la fin de la discussion. Il existe plusieurs façons d'annoncer la fin d'un dialogue. Les exemples ci-dessous peuvent vous servir de guide.

« J'ai promis à la mariée de lui présenter un invité spécial, mais avant cela, permettez-moi de connaître votre avis sur... »

Dans l'exemple ci-dessus, l'orateur a déjà annoncé la fin de la conversation en informant la personne qu'il devra se rendre bientôt auprès de la mariée (nous supposons qu'il s'agit d'un mariage). Voici d'autres exemples :

« J'ai hâte de déguster les pâtisseries proposées, mais que pensez-vous du décor ? »

« Je me rendrai au stand d'exposition juste après que vous m'aurez présenté le nouveau produit que votre entreprise lancera la semaine prochaine. »

Introduire quelqu'un

Une autre façon de mettre fin à un *small talk* avec politesse est de proposer une introduction naturellement. Cette étape vous permet de vous retirer en douceur en présentant l'autre personne à quelqu'un d'autre, puis en mettant fin à la conversation.

Vous donnez ainsi à la personne avec laquelle vous discutiez, l'occasion d'entrer en contact avec quelqu'un d'autre pendant que vous vous retirez en douceur.

Cependant, vous devez être soucieux, car vous n'êtes pas censé présenter n'importe qui. Vous devez introduire quelqu'un qui fait partie du discours, et qui peut être un contact mutuel pour vous deux.

Si l'autre personne parle avec enthousiasme de la décoration ou de l'aménagement intérieur de l'événement, par exemple, vous pouvez la présenter à l'architecte d'intérieur. Pour ce faire, vous devez être conscient du moment, de la présence et de l'individu que vous allez présenter.

Ne vous éloignez pas complètement de la personne pour amener celle que vous souhaitez présenter. Cela signifie que si vous voulez utiliser cette méthode, vous devrez commencer par balayer la salle du regard afin de trouver des possibilités de présentation, tout en continuant à discuter avec la personne.

Voici quelques exemples que vous pouvez utiliser :

«Voilà le chef. Aimeriez-vous le rencontrer?»

«Il faut que je vous présente cet animateur si vous voulez qu'il participe à votre prochaine réception.»

Justifier la fin de la conversation

Avec des motifs, vous expliquerez pourquoi vous devez vous retirer et vous préciserez que vous avez aimé la discussion. Ainsi, vous pouvez signaler la fin de la conversation, et augmenter les chances d'une conversation de suivi à l'avenir.

Exemples :

«Cette conversation me plaît beaucoup, mais je viens de remarquer qu'il est 20 h 30, et que je dois rentrer à la maison à 9 h. Pouvons-nous poursuivre cette discussion à un autre moment ?»

«Oh là là, la météo vient de basculer, et si je ne pars pas maintenant, je vais être trempé par la pluie.»

D'après les exemples ci-dessus, nous pouvons convenir que les justifications fournies par les interlocuteurs expriment leur déception à l'égard de la fin de la conversation. Ils signalent leur départ et montrent également à quel point il est regrettable qu'ils doivent quitter l'endroit où ils se trouvent. Cette méthode est élégante et vous aidera à établir une relation de qualité avec votre interlocuteur.

Profiter de votre environnement immédiat

Vous pouvez également utiliser votre environnement direct pour élaborer votre conclusion de manière naturelle. Par exemple, s'il y a un stand de boissons près de l'endroit où vous vous trouvez, vous pouvez encourager l'autre personne à se servir un verre, sachant que vous vous mêlerez tous deux à la foule, ou que vous rencontrerez d'autres personnes pour discuter.

S'il s'agit d'une réception autour d'une piscine, par exemple, vous pourriez suggérer de vous diriger tous les deux vers l'espace piscine, ce qui vous permettrait d'abandonner gentiment le *small talk*. Avant de recourir à ce style, assurez-vous d'avoir exprimé tout ce que vous aviez à dire, et d'être prêt à mettre un terme à la conversation.

Créer une Excellente Dernière Impression

Les gens se souviennent du début et de la fin des événements, mais ont généralement du mal à se souvenir du reste. Pensez à la lecture d'un roman qui commence par un suspense intense. Vous vous en souvenez après la lecture, mais avec le temps, vous vous rappellerez probablement que du début et de la fin, voire de l'apogée.

Le romancier a créé un équilibre entre le début et la fin, et vous devez en faire autant. Ne consacrez pas trop de temps à réfléchir à la manière de faire une première impression, tout en négligeant les efforts à déployer pour faire une bonne dernière impression. Vous trouverez ici des conseils qui vous aideront à laisser une dernière impression positive.

1. Établissez un contact physique deux fois avant de partir.

Dans la plupart des cas, voire dans tous les cas, le fait d'établir un contact physique avec la personne juste avant de la quitter, favorise l'établissement d'un lien entre les deux parties. Une poignée de main est le signe d'un bon rapport et vous permet de vous rendre mémorable. Elle contribue également à vous faire apprécier.

Donnez une poignée de main chaleureuse et confiante au moment de vous séparer et, si la personne vous est familière, vous pouvez la serrer subtilement dans vos bras. Dans certaines cultures, les poignées de main sont idéales lorsque vous rencontrez des étrangers (soyez conscient des implications culturelles).

Votre poignée de main doit être ferme (ce qui la rendra révélatrice). Assurez-vous de relier vos doigts, qui doivent être plats plutôt qu'en coupe, afin que vous puissiez toucher la paume de votre interlocuteur. Une poignée de main ferme dégage une énergie indéniable.

2. Terminez par un contact visuel et un sourire.

Nous avons évoqué l'importance du contact visuel et du sourire dans les chapitres précédents, et ces signes non verbaux sont essentiels pour conclure une discussion.

Regardez toujours la personne dans les yeux, et donnez-lui l'impression que vous êtes ouvert, chaleureux et sincère. Lorsque vous établissez le contact visuel, souriez chaleureusement et faites en sorte que ce soit l'image que la personne gardera de vous dans son esprit.

Le contact visuel vous permet également d'intérioriser les traits du visage de la personne, de sorte que lorsque vous la reverrez ailleurs, vous vous souviendrez du *small talk* que vous avez échangé, et vous pourrez reprendre la conversation à partir de là. Un sourire est un formidable outil de communication non verbale pour une dernière impression mémorable.

3. Bougez avec intention.

Évitez de vous tenir debout, en transférant votre poids, parce que vous hésitez à partir. Vous devez agir avec une certaine intention en vous montrant amical, mais ferme dans vos salutations. Sachez ce que vous ferez ensuite, afin de pouvoir le mentionner subtilement lorsque vous vous préparerez à quitter les lieux.

Par intention, je veux dire que si vous devez traverser la pièce pour parler à quelqu'un d'autre, vous devez le savoir. Si vous partez de manière involontaire, vous serez embarrassé et vous gâcherez toute tentative de donner une excellente dernière impression.

Voici quelques exemples :

«Ce fut un plaisir de vous parler. Je dois maintenant me rendre à ma voiture. Merci.»

«Quelle expérience vous avez vécue! J'espère que nous aurons l'occasion d'en reparler. Je dois rattraper le marié qui se trouve là-bas. Je vous remercie.»

4. Ne coupez pas la parole à votre interlocuteur.

Parfois, lorsque nous sommes prêts à mettre fin à une conversation, notre esprit s'égare et nous coupons la parole à l'autre personne alors qu'elle est encore occupée à parler. En effet, nous savons que vous êtes pressé, et que vous souhaitez quitter les lieux, mais vous voulez aussi laisser une excellente dernière impression, ce qui exige que vous fassiez preuve de respect à l'égard de l'autre personne.

Pour éviter de brusquer les gens, vous devez maîtriser la conversation de façon à signaler que vous êtes prêt à partir. Si la personne continue à parler par la suite, laissez-la terminer, puis mettez fin à la conversation (mais ne l'interrompez pas).

Le fait de couper la parole à la personne lui enverra un mauvais signal quant à votre personnalité, et c'est généralement une approche impolie. Je sais que certaines personnes peuvent continuer à parler, mais dans ce cas, vous devez être tolérant.

Toutefois, si vous DEVEZ les interrompre (dans les rares cas où vous devez partir, et où la personne ne veut pas s'arrêter de parler), vous pourrez recourir aux idées ci-dessous :

«Je suis désolé d'interrompre votre discours, mais je dois partir.»

«Désolé de vous interrompre, mais si je ne m'adresse pas au directeur maintenant, il va quitter les lieux.»

« Quelle histoire inspirante, c'est tellement triste que je ne puisse pas rester pour l'écouter en entier. »

5. Remerciez la personne.

Lorsque vous vous apprêtez à mettre fin à la conversation, n'oubliez pas de remercier la personne en la regardant dans les yeux, et en la remerciant. Plus spécifiquement, vous devez la remercier pour le temps qu'elle vous a consacré, ou pour la bonne conversation que vous avez eue avec elle.

Vous pouvez maintenant dire merci deux fois : lorsque vous vous rendez compte que vous êtes sur le point de mettre fin à la conversation, et lorsque vous avez l'intention de quitter les lieux. Tout en la remerciant, exprimez à l'autre personne que vous avez passé un bon moment.

Voici quelques exemples :

« Merci pour le temps que vous nous avez consacré ce soir. Ce fut un plaisir de bavarder avec vous. »

« Merci pour vos merveilleuses suggestions culinaires. Je vais m'amuser avec ces recettes. »

6. Entretenez des discussions ouvertes.

Une autre façon de laisser une excellente dernière impression est de maintenir une discussion ouverte, de sorte que la prochaine fois que vous rencontrerez cette personne, vous aurez tous les deux un point commun pertinent pour reprendre là où vous vous êtes arrêtés. L'autre personne sera enthousiaste à l'idée de poursuivre la conversation, et se demandera même comment se déroulera la prochaine discussion. Le fait de laisser la conversation ouverte ne s'applique peut-être pas à toutes les situations, mais si cela s'applique à la vôtre, faites en sorte que la conversation soit fructueuse.

Jusqu'à présent, nous sommes parvenus à un récit équilibré sur la manière d'entamer et de terminer une conversation avec n'importe qui de façon harmonieuse. Si vous vous en tenez à toutes ces idées et à tous ces concepts, vous pourrez engager une conversation n'importe où. Nous approchons de la conclusion, mais il y a encore d'autres sujets à aborder. Dans le prochain chapitre, nous nous pencherons sur les moyens d'établir des liens authentiques avec les gens.

CHAPITRE NEUF
Créer des Liens Authentiques

Les expériences que nous vivons avec les gens sont basées sur les liens que nous établissons avec eux. Lorsque nous créons des liens significatifs, tout ce qui a trait à la façon dont nous conversons avec eux devient plus facile. Vous pouvez engager la conversation et y mettre fin, mais la question est de savoir si vous êtes capable d'établir un véritable pont avec les gens... le genre de lien qui permet de construire des amitiés durables.

Connaissez-vous le type de question qui vous permettra d'établir des liens plus profonds ? Quels sont les signes qui indiquent que vous êtes en train d'établir un rapport avec quelqu'un ? Est-ce que le *small talk* peut se révéler encore plus pertinent ?

Si vous observez le schéma de ce guide, vous constatez que j'ai tendance à poser beaucoup de questions, car c'est l'un des moyens les plus rapides d'apprendre au sujet de la vie. Les questions vous apprennent deux informations importantes :

1. Ce que vous savez

2. Ce que vous ignorez

Lorsque vous répondez correctement à une question, cela signifie que vous comprenez le concept, et lorsque vous ne le comprenez pas, vous savez ce que vous devriez apprendre. Grâce aux questions que j'ai posées, vous serez en mesure de déterminer si vous connaissez ces concepts et si vous ne les connaissez pas.

Nous commencerons par des perspectives et des approches du *small talk* qui vous aideront à établir une connexion avec les gens.

Perspectives et Approches du *Small Talk*

Le *small talk* est l'un des moyens les plus rapides et les plus naturels d'établir une relation avec les gens. Comme vous le savez, il existe différentes façons d'utiliser ces *small talks* qui peuvent vous être bénéfiques, mais nous n'allons pas recommencer ce cercle répétitif.

L'objectif de ce chapitre est de vous montrer quelques approches permettant d'établir de véritables liens avec les gens. La mise en pratique de ces idées, et de tous les autres concepts que vous avez appris jusqu'à présent, peut vous aider à devenir un meilleur communicateur, tout en établissant des liens avec les autres. On commence ?

Utilisez ce que les gens disent

Une excellente approche pour les *small talks* consiste à utiliser ce que la personne exprime comme point d'ancrage de la conversation. Cette approche met l'accent sur la discussion avec l'autre personne, et vous aide à maintenir une relation avec elle.

Cherchez toujours à utiliser intentionnellement ce qu'elle dit comme catalyseur de la conversation, et aidez-la à garder le contrôle de la conversation en utilisant ses mots et les sujets qu'elle suggère.

Découvrez ce qui les rend uniques

Nous avons tous des qualités qui nous rendent uniques, et des particularités qui nous distinguent des autres individus. Lorsque quelqu'un identifie ces qualités exceptionnelles en nous, nous nous sentons accueillis et estimés.

Vous pouvez véritablement établir un lien avec une autre personne en identifiant ce qui la rend unique, et en la félicitant pour cette raison. Il ne s'agit pas nécessairement d'un élément de caractère (vous venez de rencontrer la personne). Il peut s'agir de sa personnalité ou d'un attribut visible qu'elle présente.

Ne forcez pas les gens à adopter votre point de vue

Une autre perspective dont vous devez tenir compte est de ne pas imposer votre opinion aux autres. En effet, vous avez des convictions profondes, et vous voulez que le monde entier vous entende. Néanmoins, la conversation n'est pas un lieu où l'on endoctrine les gens. C'est un endroit où l'on crée des liens, où l'on apprend, mais où l'on n'enseigne pas.

Laissez toujours une place aux opinions de votre interlocuteur, et cherchez un terrain d'entente avec lui. Nous reviendrons plus en détail sur les points communs dans une autre section de ce chapitre.

Révélez un aspect personnel

En effet, il s'agit d'une approche de la conversation qui vous aidera à établir des liens authentiques avec les gens. Lorsque vous partagez une information personnelle, vous démontrez à votre interlocuteur que vous êtes ouvert à une relation, ce qui est l'essence même d'une conversation agréable.

Toutefois, soyez prudent quant à ce que vous partagez (si vous optez pour cette approche). Ne divulguez pas de détails trop personnels (par exemple, une fausse couche ou la mort d'un enfant). Évitez de partager des souvenirs douloureux dès que vous rencontrez une personne. Apprenez d'abord à la connaître. Vous pouvez partager des défis au travail, ou votre expérience pour acheter votre propriété idéale. Vous ne devez pas effrayer l'autre personne en lui révélant trop de détails personnels prématurément.

Des questions pour approfondir les liens

Toutes les questions ne mènent pas à des relations plus profondes. Certaines sont des questions qui reçoivent un «oui» ou un «non» en guise de réponse, et d'autres n'appellent que des réponses directes et succinctes. Mais si vous souhaitez entrer en contact avec une autre personne, vous devez poser intentionnellement des questions qui mèneront à des liens plus profonds.

Vous trouverez ci-dessous quelques exemples de questions qui vont au-delà de la superficialité, et vous aideront à atteindre la personne à un niveau de connexité plus élevé.

1. «Pour quelles raisons avez-vous choisi d'habiter dans ce quartier?»

2. «Quelle est votre vision de cette organisation à but non lucratif?»

3. «Êtes-vous satisfait de votre situation de vie?»

4. «Quelle nouvelle compétence avez-vous toujours rêvé de maîtriser?»

5. «Quels personnages historiques admirez-vous?»

6. «Pour quelle raison seriez-vous connu si vous étiez une célébrité?»

Comment Améliorer l'Efficacité des *Small Talks* ?

Si certaines discussions sont constructives, d'autres ne sont qu'un simple échange d'amabilités. Vous avez tout intérêt à rendre les discussions enrichissantes, et à vous débarrasser du préjugé selon lequel les *small talks* ne sont qu'une perte de temps. Ce n'est pas le cas, surtout si vous entamez une conversation substantielle. Mais ce n'est pas toujours la meilleure solution. Par exemple, vous n'avez peut-être pas l'intention d'engager une conversation avec un inconnu dans le futur (pour des raisons qui vous sont propres), auquel cas vous voudrez vous en tenir à un style de conversation banale et terne.

En revanche, si vous cherchez à établir une relation avec cette personne, et que vous souhaitez poursuivre la conversation, vous devrez en faire davantage. Par «davantage», nous entendons s'inspirer des exemples ci-dessous, qui pourraient s'avérer utiles.

Célébrez les réussites

Si vous voulez rendre le *small talk* plus pertinent avec les gens, vous devez célébrer leurs succès au fur et à mesure qu'ils les partagent avec vous. Par «succès», j'entends les petites informations qu'ils partagent avec vous, qui témoignent de leurs réussites.

Vous pouvez lancer des exclamations pour montrer votre enthousiasme à leur égard, par exemple : «Ouah», «Formidable», «Incroyable», «Génial», «Très bien», «C'est extraordinaire», etc. Si une personne vous raconte qu'elle s'est rendue au Vatican pour ses vacances, et qu'elle a rencontré le pape, ne laissez pas passer cette information. Répondez à ses propos en célébrant sa réussite par de telles exclamations.

Misez sur la mobilisation

Vous pouvez également obtenir une conversation plus distinctive en vous concentrant sur les dialogues, entre votre interlocuteur et vous. Quels sont les points de la discussion qui vous plaisent le plus? Concentrez-vous sur ces points, et approfondissez-les.

Vous constaterez que votre *small talk* est encore plus intéressant parce que vous n'êtes pas conscient de ce qui retient moins l'attention de l'un ou l'autre d'entre vous.

Le privilège d'être le premier à s'exprimer

Pour approfondir la conversation, vous pouvez faire le premier pas en partageant un aspect personnel. Lorsque vous le faites, l'autre personne suivra votre exemple, et fera de même. Parfois, entre les deux parties, l'une attend de constater si l'autre fera le premier pas.

En partageant une information personnelle, vous aurez une conversation plus révélatrice avec un lien profondément enraciné, de sorte que la suite de la conversation se fera naturellement. Les gens réagissent souvent avec gentillesse à de tels gestes, alors franchissez le pas pour une expérience plus gratifiante et plus enrichissante.

Ne comblez pas (toujours) un silence

Vous ne devez pas surimposer vos paroles en comblant toujours les silences. Si vous le faites, l'autre personne deviendra paresseuse et vous laissera prendre l'initiative, ce qui rendra la conversation unilatérale.

Laissez à votre interlocuteur la possibilité de prendre les devants, et contentez-vous de suivre parfois. Même si vous savez quoi dire chaque fois qu'un silence s'installe, résistez à l'envie et laissez la conversation se dérouler naturellement.

Encouragez les descriptions élaborées (si vous avez le temps)

Si vous avez le loisir de discuter, vous pouvez permettre à votre interlocuteur de donner des explications détaillées, ce qui contribuera également à rendre la conversation passionnante. Encouragez la personne lorsqu'elle montre de l'enthousiasme pour un sujet en utilisant des phrases telles que «Continuez», «Ça doit être intéressant» et «Ouah, je ne savais pas ça.»

N'oubliez pas que cette approche doit être utilisée lorsque vous êtes certain d'avoir le temps de le faire. Il ne serait pas judicieux que vous meniez la conversation avec votre interlocuteur, puis que vous l'interrompiez à mi-chemin en lui disant que vous devez partir.

Indices de Compatibilité entre Vous et Votre Interlocuteur

Comment pouvez-vous vérifier si les idées ci-dessus fonctionnent? Comment saurez-vous que vous avez établi un lien harmonieux au cours d'une conversation?

Dans cette dernière partie, vous découvrirez les indices qui démontrent la qualité de votre lien avec une autre personne.

Veuillez noter qu'il existe des exceptions pour certaines des idées ci-dessous, et je les indiquerai (le cas échéant).

1. Remarquez-vous un léger sourire?

Un bon moyen de constater si vous êtes en harmonie avec quelqu'un est qu'il vous adresse un petit sourire pendant que vous parlez. Ce geste est le signe que la personne se plaît en votre compagnie, et qu'elle aime converser avec vous. Veillez à lui rendre la pareille en souriant également lorsqu'elle parle.

2. Partagez-vous des points en commun ?

Même si vos désaccords sont minimes, vous devriez, à un moment ou à un autre de la conversation, avoir des points communs, car c'est le signe d'une complicité. La plupart du temps, le cadre social contribue énormément à fournir un point en commun, car vous pouvez tous les deux vous inspirer de votre environnement pour trouver des points de discussion.

Par exemple, avez-vous tous les deux un faible pour les soirées festives ? Êtes-vous tous deux collègues au bureau ? Si les personnes présentes sont là pour la même raison que vous, il y a plus de chances que vous trouviez un point commun.

Si vous avez du mal à trouver un motif commun avec l'autre personne, il se peut qu'il n'y ait pas de lien entre vous. Mais tout espoir n'est pas perdu, vous pouvez vous rapprocher de l'autre en assimilant ce qu'il dit, et en l'approuvant pour trouver un point commun (cette étape peut être utilisée si vous êtes désireux d'établir une connexion).

3. Établissez-vous un contact visuel ?

Le contact visuel est important lors d'une conversation informelle, car il s'agit d'un signe visible d'interaction. Bien sûr, vous connaissez maintenant la différence entre le contact visuel et le fait de fixer quelqu'un. Si nous ne voulons pas que la personne nous regarde fixement, nous ne voulons certainement pas non plus qu'elle détourne le regard.

Si la personne évite intentionnellement le contact visuel, c'est qu'elle n'a pas établi de lien avec vous. Vous pouvez l'aider à vous refléter en établissant également un contact visuel avec elle, mais si elle ne vous rend pas la pareille, cela indique qu'elle n'a pas envie de poursuivre la conversation.

4. Cherchez-vous à approfondir la conversation ?

Lorsque vous commencez à parler, tentez de découvrir si la personne essaie d'en savoir plus sur vous, ou sur ce dont vous parlez. Après le premier « bonjour », vous devez suivre les réponses de la personne aux questions que vous lui posez, et la façon dont elle répond aux vôtres.

Si vous parlez tout seul et que la personne ne pose pas d'autres questions, cela indique qu'elle n'est pas intéressée par la conversation. En revanche, vous pouvez être certain d'avoir établi un lien si, après les trois premières minutes, la personne vous répond de manière favorable.

5. Partagez-vous volontiers des informations ?

Lorsqu'une personne partage des informations avec vous sans que vous le demandiez, c'est un signe de bien-être et de complicité avec elle.

À l'inverse, certaines personnes refusent de communiquer des informations même lorsque vous le leur demandez, ce qui peut être un indice qu'elles ne sont pas à l'aise avec vous, ou simplement qu'elles ne sont pas aussi à l'aise que vous dans les *small talks*. Si vous sentez cette réticence, vous pouvez leur tendre la main en partageant également des informations, et observer leur réaction.

6. Est-ce que vous vous reflétez ?

L'effet miroir est crucial. Lorsque vous parlez, vous devez prêter attention aux mouvements du corps de votre interlocuteur. Vous souvenez-vous que nous ayons parlé de cet effet dans un chapitre précédent ? Selon des études sur la communication, les êtres humains ont tendance à se refléter les uns les autres lorsqu'ils sont intéressés, ou lorsqu'ils ont établi un lien avec quelqu'un d'autre.

Parfois, nous nous sentons tellement à l'aise avec la personne que la réflexion de l'autre devient un acte inconscient. Il permet de rassurer l'autre personne, en lui montrant que nous aimons être en sa compagnie. Mais si vous faites des gestes de la main, et que l'autre personne reste figée, c'est peut-être le signe qu'elle veut mettre fin à la conversation.

7. Suivez-vous les détails de la conversation ?

Un autre indice à surveiller est de vérifier si l'interlocuteur suit les détails que vous lui communiquez. Si la personne oublie souvent ce que vous avez dit, c'est le signe que vous n'avez pas réussi à établir un lien avec elle.

En revanche, si elle est enthousiasmée par vos récits, vos histoires et vos opinions, vous êtes en présence d'un excellent compagnon de *small talk*. Pour tester cet indice, vous pouvez dire quelque chose à plusieurs reprises, puis poser une question à la personne. Si elle ne comprend pas, c'est qu'elle n'a pas écouté, et cela signifie que vous n'avez pas réussi à établir un lien avec elle.

8. Établissez-vous un contact corporel ?

En effet, lorsque les gens ont créé un lien avec vous, ils commencent à se sentir suffisamment à l'aise pour établir un contact corporel. Certaines personnes, quoi que vous fassiez, n'établiront jamais ce type de contact parce qu'elles recherchent une interaction minimale à ce niveau avec les gens.

Ainsi, ces personnes ne vous donneront pas de poignée de main, ne vous étreindront pas et ne vous toucheront même pas légèrement. Si

vous leur tendez la main, elles la prendront peut-être moins ferme-
ment que prévu. Mais le bon côté de la situation est que si la personne
a établi un lien avec vous, elle n'hésitera pas à établir un contact corporel professionnel.

Notez que dans certains cas, une personne peut être satisfaite de vous,
mais rencontrera des difficultés à établir un contact corporel avec des
inconnus. Ne le prenez donc pas personnellement lorsqu'une personne
ne vous rend pas la pareille.

9. Qu'en est-il de la « règle des pieds » ?

Une vieille règle stipule que lorsqu'une personne s'intéresse à vous,
elle pointe ses pieds vers vous pendant qu'elle parle. En effet, il s'agit
d'un vieux dicton, mais il est toujours d'actualité. Lors d'une conversation, prenez une fraction de seconde pour regarder si les pieds de la
personne pointent dans votre direction. Si c'est le cas, c'est un bon
signe. Il signifie que la personne vous imite avec succès, et qu'elle est
prête à s'engager dans la direction que vous souhaitez donner à la
conversation.

Au contraire, si ses pieds pointent dans une autre direction, la personne n'est plus intéressée, et souhaite mettre fin à la conversation.
Notez que cette règle est ancienne et qu'elle n'est pas gravée dans le
marbre (les gens peuvent ajuster les parties de leur corps comme ils
l'entendent), ce qui signifie qu'elle peut ne pas s'appliquer à toutes les
situations.

10. La personne baisse-t-elle sa garde en votre présence ?

Le fait qu'une personne baisse sa garde autour de vous est un bon
indice que vous avez établi un lien avec elle. Chez certaines personnes,
vous pouvez sentir que les murs autour d'elles sont encore intacts,

comme le fait de croiser les bras sur la poitrine, de raidir les épaules ou de croiser les jambes.

Cependant, lorsque vous remarquez une personne totalement détendue en votre présence, vous savez qu'elle a baissé sa garde, et qu'elle se sent libre avec vous. Cette attitude se traduit par une grande complicité avec la personne.

Le contact avec les gens est une expérience enrichissante. C'est ainsi que nous nous créons de véritables amis. Vous savez maintenant comment établir des liens authentiques, ce qui vous permettra de réussir à faire la connaissance de n'importe qui, n'importe où.

Le chapitre suivant est le dernier de ce livre. Vous disposez maintenant des bases nécessaires. Vous avez acquis toutes les compétences dont vous avez besoin. Il ne vous reste plus qu'à les perfectionner. C'est ce que l'on appelle la maîtrise.

CHAPITRE DIX
Maîtriser l'Art du *Small Talk*

Nous avons découvert les idées les plus fondamentales et les plus approfondies sur l'art du *small talk*. Ces connaissances ont largement contribué à vous permettre de savoir comment entamer une conversation, et d'en tirer le meilleur parti à long terme. Je vous encourage à mettre vos compétences à l'épreuve, notamment en pratiquant le *small talk* sur le terrain. Néanmoins, même si vous avez l'impression d'être un professionnel, il y a toujours des efforts à fournir pour devenir un maître en la matière.

Commençons par rappeler pourquoi nous pratiquons le *small talk*. Qu'est-ce qui fait que ce type de conversation mérite que vous y consacriez du temps ? Et, bien sûr, nous discuterons de ce que vous pouvez entreprendre pour le maîtriser. Certaines des idées que vous découvrirez ci-dessous vous sembleront peut-être familières, mais nous examinerons ces concepts dans l'optique d'une plus grande maîtrise.

Pourquoi l'Art du *Small Talk* Mérite-t-il Votre Attention ?

Pour maîtriser un domaine, il faut en connaître la valeur ! Quelle est l'importance de ce discours pour vous ? Lorsque vous saisirez pleinement la raison pour laquelle le *small talk* est crucial, vous commencerez à déployer des efforts conscients pour en acquérir la maîtrise.

Pensez à toutes les relations qui ont débuté de façon anodine et qui se sont transformées en relations amicales. Quel a été le point de départ de ces relations ? Comment ces personnes sont-elles passées du statut d'étranger à celui d'ami ? La réponse est très simple : le *small talk* !

En plus de vous aider à entretenir des amitiés idéales, les avantages du *small talk* ci-dessous vous permettront également de considérer sa maîtrise comme une réalité incontournable. Découvrons-les, si vous le voulez bien.

1. Le *small talk* est spontané.

L'un des avantages du *small talk*, et la raison pour laquelle il mérite d'être maîtrisé sont le fait qu'il ne nécessite pas de planification. Pour les discours et autres modes de communication, vous devez effectuer des exercices préparatoires, car on attend de vous que vous répondiez à une certaine norme.

En revanche, dans le cas du *small talk*, vous devez être aussi doué que la dernière fois que vous l'avez pratiqué et vous en inspirer de façon cohérente. La spontanéité du *small talk* élimine également toute pression que vous pourriez ressentir à être quelqu'un d'autre que vous-même.

2. Le *small talk* peut vous inspirer de nouvelles idées.

En effet, le *small talk* vous permettra de découvrir de nombreuses idées, car vous interagirez avec des personnes qui ont des opinions différentes sur la vie et le travail.

Si vous accordez une attention particulière au contenu des conversations, vous conviendrez qu'il y a toujours de nouvelles découvertes possibles. Votre perspective sur certains sujets changera également, car l'interaction est le fondement de tout apprentissage.

3. Le *small talk* vous aide à reconnaître votre véritable valeur.

Lorsque vous participez à un *small talk*, vous pouvez vous percevoir à travers le regard d'une autre personne. Lorsque celle-ci vous félicite et souligne la valeur de ce que vous dites, vous commencez à reconnaître votre véritable importance.

La plupart des gens banalisent leurs opinions et leur vision du monde parce qu'ils croient, à tort, qu'ils sont insignifiants. En revanche, lorsque vous discutez avec quelqu'un pendant quelques minutes et qu'il vous répond « Ouah, vous avez une perspective étonnante », vous apprendrez à valoriser ce commentaire, qui influencera la façon dont vous vous percevez vous-même.

4. Vous deviendrez un meilleur admirateur.

Le *small talk* vous permet aussi d'être plus admiratif face aux autres personnes. Certains individus ne sont pas très doués pour entrer en contact avec les autres parce qu'ils ne s'engagent pas dans ce qu'ils considèrent peut-être comme une conversation inutile, et ils s'isolent.

Lorsque vous vous engagez à partager vos pensées, et que vous communiquez avec les gens, vous vous éprenez de la diversité et de l'unicité de la nature humaine. Cette idée influencera également votre capacité à affectionner les gens davantage, à reconnaître leurs différences et à respecter leurs opinions.

5. Le *small talk* vous permet de créer des impressions durables.

Nous avons consacré un chapitre complet à l'apprentissage de méthodes permettant de créer des impressions durables, parce qu'elles sont essentielles. Celles-ci deviennent le tremplin à partir duquel les conversations de suivi naissent, et les relations se nouent.

6. Vous développez vos aptitudes relationnelles.

L'une des caractéristiques du leadership est la capacité d'un individu à écouter activement les autres. Ainsi, vous pouvez établir des relations à tous les niveaux, ce qui vous aidera à mener à bien votre mission.

Imaginez que vous soyez un *manager* qui discute occasionnellement avec ses collaborateurs au bureau. Vous conviendrez que ces *small talks* vous permettront de mieux connaître les personnes qui travaillent pour vous, et de savoir comment valoriser leurs capacités pour le bien de l'entreprise et, mieux encore, pour leur bien personnel.

7. Vous ne lutterez plus pour maintenir une conversation viable.

La difficulté de maintenir une excellente conversation avec de nouvelles personnes est bien réelle, surtout à l'ère du numérique. Cependant, une personne qui maîtrise les *small talks* n'aura pas de problème avec les différents types de conversation. Non seulement ces individus sauront comment entamer une conversation, mais ils pourront également entraîner d'autres personnes dans leur sillage.

Le *small talk* vous aidera à établir une conversation du début à la fin sans silences gênants, et autres maniérismes qui affectent le flux d'une conversation adéquate.

8. Un formidable accélérateur de carrière

Dans le monde de la gestion d'entreprise et sur d'autres lieux de travail, les personnes douées pour le *small talk* sont celles qui gravissent rapidement les échelons parce qu'elles sont douées pour établir des liens avec les gens.

Ces personnes attireront l'attention des cadres supérieurs, car chaque entreprise tiendra compte à la fois de leurs compétences matérielles et immatérielles. Ce que vous apportez à l'entreprise est votre savoir-faire. Ainsi, votre capacité à communiquer efficacement avec vos collègues et avec ceux que vous dirigez constitue votre savoir-être. La combinaison de ces deux types de compétences vous permettra de donner un coup de pouce à votre carrière !

Les Meilleures Pratiques pour Améliorer vos Compétences Conversationnelles

Si vous avez déjà rencontré des difficultés à communiquer, vous devriez commencer à vous livrer davantage à de simples *small talks*. En appliquant ce principe, vous constaterez une amélioration significative de vos compétences en matière de communication, et votre capacité à entrer en contact avec des étrangers.

Les *small talks* peuvent complètement transformer la façon dont vous envisagez la communication. Vous cesserez de la considérer comme un processus stressant, et vous la percevrez comme un pont qui vous relie aux autres. C'est pour cette raison que vous devriez vous engager à maîtriser l'art du *small talk*.

Nous avons posé les fondements de cette maîtrise en vous présentant la valeur du *small talk* et l'intérêt qu'il présente pour votre expérience.

Nous allons maintenant aborder les bonnes pratiques qui vous permettront d'améliorer vos compétences en matière de conversation.

Les méthodes que vous découvrirez ci-dessous ne sont pas des concepts à mettre en œuvre une seule fois et à oublier. Ces idées doivent être appliquées de manière récurrente jusqu'à ce qu'elles fassent partie de votre personnalité. Vous pourrez revenir à ce chapitre chaque fois que vous ressentirez le besoin d'améliorer vos compétences en matière de *small talk*.

Considérez l'ensemble des suggestions ci-dessous comme des habitudes qui ne peuvent s'ancrer en vous que si vous les mettez en pratique de manière consciente. Personne ne naît avec une aptitude exceptionnelle à mener un *small talk*. Nous devons tous apprendre délibérément et être convaincus que plus nous nous efforçons de le pratiquer, plus nous nous améliorons.

1. Affrontez vos peurs.

Les introvertis ne sont pas les seuls à avoir du mal à tenir une conversation, car celle-ci peut être intimidante pour n'importe qui. Cependant, en raison de son importance, nous devons tous apprendre à en tirer parti, et la première étape consiste à faire face à vos peurs.

Vous devez identifier la principale raison pour laquelle vous ne tolérez pas les *small talks* et prévoir des moyens de vaincre cette peur. Il se peut que vous ne vous sentiez pas à l'aise en présence d'étrangers, alors que pouvez-vous faire si c'est le cas? Consacrez davantage de temps aux personnes que vous ne connaissez pas!

Lorsque vous affrontez vos peurs, elles ne peuvent plus vous limiter!

2. Faites appel à un ami.

Pour maîtriser l'art du *small talk*, vous devez vous entraîner et travailler en étroite collaboration avec un ami afin de vous sentir à l'aise. Lorsque vous rendez visite à votre ami, engagez un *small talk* sur un large éventail de sujets qui peuvent concerner le temps, la nourriture, les vacances, etc.

Utilisez cette méthode chaque fois que vous en avez l'occasion, et vous constaterez que vous la maîtriserez de mieux en mieux au fil du temps. Le simple fait de parler avec un ami vous aidera à surmonter la sueur dans les paumes et les nœuds dans l'estomac causés par l'anxiété liée au fait de devoir faire un brin de *small talk*.

3. Posez des questions.

Si vous prenez l'habitude de toujours poser des questions, vous ferez de même chaque fois que vous discuterez. Si vous arrivez dans un nouvel endroit où les gens sont différents, apprenez à poser des questions, car cela vous aidera à développer votre confiance.

Quel que soit l'endroit où vous vous trouvez (avec un grand ou un petit groupe) ou dans une conversation individuelle, si vous posez les bonnes questions, vous renforcerez vos compétences. Les questions vous permettront de faire évoluer la conversation d'un niveau superficiel à un niveau authentique, où une véritable relation est susceptible de s'épanouir.

4. Faites preuve d'un bon état d'esprit.

Votre attitude joue un rôle crucial dans le succès ou l'échec d'un *small talk*. Si vous croyez que vous êtes incapables d'entretenir ce type de conversation (peut-être à cause d'erreurs passées), vous éprouverez des difficultés, quelle que soit la qualité de votre entraînement.

Mettez donc de l'ordre dans vos idées en vous répétant que vous pouvez y arriver! Ne laissez pas les échecs du passé entraver votre détermination. Avant de vous rendre à un événement, prenez la décision de faire la conversation et dites-vous que, quelle que soit la personne à laquelle vous vous adressez, vous réussirez.

5. Faites-en un jeu.

Parfois, pour maîtriser un concept, vous devez le mettre en pratique tout en vous amusant, afin de prendre plaisir au processus. Persuadez-vous que les *small talks* sont divertissants, et consacrez au moins une heure à rencontrer quelqu'un de nouveau et à apprendre quelque chose à leur sujet.

Votre esprit se transformera et plus vous vous livrerez à ce genre de jeu, plus le *small talk* deviendra naturel. Attribuez-vous des points chaque fois que vous réussissez à parler à quelqu'un, et tirez parti de vos succès précédents pour vous améliorer.

6. Soyez vous-même!

Ne tentez pas de vous comparer à quelqu'un d'autre qui excelle dans l'art du *small talk* au bureau parce que vous estimez qu'il est meilleur que vous. Vous n'avez pas lu ce livre dans le but d'imiter quelqu'un d'autre, n'est-ce pas?

Vous l'avez lu pour vous donner les moyens d'agir, et vous y êtes parvenu. Quelle est la prochaine étape? Vous devez être authentique. Ne simulez pas un accent parce que vous voulez « paraître » sympathique à l'autre personne. Tout ce que vous avez à faire, c'est d'être vous-même. Soyez authentique et vous excellerez!

7. Réduisez vos attentes.

La lecture de ce livre vous a préparé graduellement en matière de *small talk* afin d'avoir une aisance dans ce type de conversation, mais d'autres individus ne disposent pas de telles publications. Ils doivent donc faire face à certains défis particuliers en matière de conversation.

Vous auriez donc tort de vous présenter pour discuter avec ces personnes et d'attendre d'elles qu'elles soient aussi douées que vous. Réduisez vos attentes à leur égard et laissez-vous porter par le courant de la discussion.

N'ajoutez pas à leur gêne en riant de leurs maladresses et en interrompant la conversation parce que vous ne les trouvez pas intéressants. Limitez vos attentes au minimum et vous serez en mesure de maîtriser la conversation.

8. Ne soyez pas en marge de la conversation.

Être en marge signifie de se coller à quelqu'un d'autre et se tenir derrière lui (en se cachant) pendant que cet individu tient une conversation. Vous êtes maintenant doué pour éviter de vous mettre en marge, et vous vous êtes entraîné à atteindre de meilleurs résultats.

Ne soyez pas un acolyte. Ne jouez pas le rôle d'une tapisserie. Ne restez pas dans l'ombre d'une autre personne, car si vous le faites, vous ne parviendrez jamais à maîtriser la situation. Vous avez peut-être accompagné votre ami à un événement, mais après quelques minutes passées ensemble, entrez en contact avec de nouvelles personnes.

9. Acceptez la responsabilité du processus.

Vous devez prendre la responsabilité du déroulement de la conversation chaque fois que vous parlez à quelqu'un d'autre, afin d'apprendre à maîtriser le *small talk*. Ne rejetez pas la faute sur l'autre personne lorsque la conversation devient ennuyeuse ; ne l'imputez pas à quelque chose qu'elle a dit ou fait.

Si vous devez maîtriser la conversation, vous devez être prêt à en accepter la responsabilité. Celle-ci vous poussera à donner le meilleur de vous-même et à utiliser toutes les idées présentées jusqu'à maintenant dans ce livre.

10. Ne cessez pas de vous entraîner.

Surtout, continuez à vous améliorer ! Aujourd'hui encore, j'exploite le pouvoir du *small talk* parce que je m'entraîne en permanence à divers scénarios. Lorsque vous vous exercez suffisamment, vous devenez confiant, ce qui vous permet de donner le ton à vos conversations.

La pratique constante est la clé de la maîtrise du *small talk* et, grâce aux idées présentées dans ce chapitre, vous pouvez être rassuré en réalisant que vous êtes sur la bonne voie pour devenir un expert en la matière.

Oh, quel moment nous vivons en ce moment ! Nous sommes enfin arrivés à la fin d'un voyage fantastique, et le sentiment est gratifiant. Vous avez fait preuve d'une grande persévérance, et je vous félicite pour cette réussite. Nous terminerons ce parcours par une dernière partie qui vous incitera à passer à l'action.

LE MOT DE LA FIN

Vous savez maintenant comment poursuivre la discussion après avoir prononcé le premier « bonjour » !

L e message clé de ce livre est que vous pouvez engager la conversation tout en développant de meilleures relations. Nous avons débuté comme si nous partions en voyage, et analysions les principales raisons pour lesquelles les gens ont du mal à faire la conversation avec des inconnus. La peur, l'anxiété et la timidité sont autant de défis que nous avons abordés, avant de proposer des solutions.

Ce guide vous a permis d'apprendre la définition du *small talk* en tant qu'élément fondamental du discours, et la manière dont vous pouvez surmonter votre timidité en tant qu'individu. Vous avez découvert la valeur de ces compétences sociales, tout en vous familiarisant avec le concept de communication non verbale.

Il est essentiel de savoir ce qui suit le premier « bonjour » pour réussir une conversation informelle. Vous ne vous sentirez pas bloqué dans votre interaction parce que vous êtes maintenant en mesure d'entretenir une conversation.

Il est également important de prévoir une sortie élégante, car même si vous souhaitez que la conversation se termine, vous aimeriez que l'on se souvienne de vous avec affection. Dans l'ensemble, vous avez acquis une connaissance approfondie des façons de maîtriser l'art du *small talk*, et c'est la plus grande leçon à tirer de ce guide.

Dès le premier chapitre, je vous ai promis que vous alliez prendre plaisir face au processus, et que vous deviendriez enthousiaste à l'idée de discuter avec les gens de votre entourage. J'espère que c'est encore le cas aujourd'hui, mais ce que vous retirerez de ce livre dépendra finalement de vous. Je n'y suis pour rien.

La solution évoquée au départ tient en un mot : «Profitez». Maintenant, si vous avez pris plaisir à la lecture, vous prendrez certainement plaisir à engager des *small talks*, ce qui vous aidera à vous améliorer chaque jour. Je le répète : la perfection est l'ennemi du progrès. Ne vous attendez pas à ce qu'elle soit atteinte immédiatement après avoir lu ce livre. Recherchez-la. Efforcez-vous de l'atteindre. Apprenez ensuite à la laisser de côté, et acceptez de vous contenter de ce qui est suffisant.

Vous constaterez des progrès si vous vous entraînez. N'oubliez pas qu'il ne s'agit pas de magie. Il s'agit d'un processus. Vous devez vous engager avec celui-ci comme il s'engage envers vous. Avec le temps, vous vous améliorerez.

La pression ouvrira la voie aux déceptions. Ce n'est pas l'esprit de ce guide. Je veux que vous vous sentiez à l'aise et détendu, en sachant qu'il vous faudra une pratique constante pour devenir un maître.

Néanmoins, s'il y a un élément essentiel dans ce livre, quel est-il à votre avis ?

C'est ceci : vous pouvez tenir une conversation (*small talk*) avec n'importe qui, n'importe où. Je veux que cette idée soit palpable pour vous. Elle doit être présente dans votre esprit en permanence, afin que vous soyez prêt. Souvenez-vous de ce message lorsque vous vous retrouverez à un événement, et que vous vous demanderez si vous pouvez engager la conversation avec la personne qui se trouve à côté de vous.

Vous pouvez entamer des *small talks* avec des personnes que vous venez de rencontrer, et vous pouvez le faire sans craindre l'inconnu. Vous êtes prêt à nouer de nouvelles amitiés avec des personnes qui ajouteront de la couleur à votre univers.

Le *small talk* fait partie intégrante de la vie quotidienne. Il est facile de le considérer comme un exercice inutile, qui ne vous mènera nulle part. En réalité, il contribue à votre bien-être et à votre bonheur. Si vous avez peur du *small talk*, vous risquez de ne pas rencontrer l'âme sœur. Eh oui, votre âme sœur !

N'oubliez pas non plus que les principes exposés dans ce guide ne s'appliquent pas uniquement aux interactions en personne. Nous sommes à l'ère du numérique et, à ce titre, une grande partie de votre communication se fera en ligne. De nos jours, vous pouvez socialiser à peu près n'importe où : *Facebook*, *Instagram*, *YouTube*, courriel, *Snapchat*, *Kik*, *WhatsApp*, messages texte, etc. Grâce à ces plateformes sociales, vous pouvez gagner en confiance, et maîtriser l'art de converser avec les autres.

Au terme de ce voyage, je souhaite insister sur le pouvoir de la confiance en soi. Vous devez développer votre assurance pour lutter contre l'impact des pensées négatives. Elles ne correspondent pas à la réalité que vous vous imaginez. Pour mettre les idées en perspective, lorsque vous adoptez une attitude positive, vous êtes enthousiaste à l'idée de rencontrer quelqu'un et d'apprendre de cette personne.

Cette positivité se transforme en confiance en soi, car vous êtes dans un espace mental propice à l'interaction. Ne vous inquiétez pas d'être ennuyeux ; vous êtes une personne digne d'intérêt qui a un point de vue unique et une façon particulière de l'exprimer. De plus, vos interlocuteurs peuvent être aussi timides que vous, alors pourquoi ne pas tirer le meilleur parti de la situation ?

Chaque fois que vous vous sentez nerveux ou anxieux avant de rencontrer des gens, réjouissez-vous de la rencontre et imaginez une conversation réussie. Le bonheur transformera votre appréhension en un élément positif, tout en vous montrant la voie en interagissant, en vous engageant et en apprenant de nouvelles connaissances.

La fin de ce livre ne signifie pas que je ne puisse pas vous donner d'autres conseils pour réussir. Je veux que vous alliez vers le monde en vous sentant habilité et prêt à vous exprimer avec passion.

Voici une autre idée géniale pour vous : essayez de pratiquer le stoïcisme pour envisager les situations d'un point de vue plus rationnel. Nous enfilons tous un pantalon de la même manière, une jambe à la fois, alors n'essayez pas de précipiter le processus. Concentrez-vous sur le moment présent lorsque vous conversez, et évitez de vous attarder sur les maladresses du passé et les « qu'en dira-t-on » qui engendrent des peurs irrationnelles.

Vous obtiendrez de meilleurs résultats en pratiquant dans un environnement familier. Ne vous lancez pas dans des activités sociales qui ne vous intéressent pas, et concentrez-vous sur des environnements dans lesquels vous pouvez vous épanouir facilement. L'objectif est de vous amuser et de vous intéresser au processus, alors posez-vous la question suivante : quels sont mes centres d'intérêt ? Quelles sont mes valeurs ? Ces questions vous permettront de cultiver plus facilement des relations avec des personnes partageant les mêmes idées que vous.

Rappelez-vous notre discours sur le modèle des quatre oreilles ou des quatre côtés, qui vous expliquent qu'une déclaration faite par une autre personne peut avoir des significations différentes. Le message était le suivant :

1. Information factuelle : Désir d'énoncer des informations avec précision.

2. Appel : Faire appel à vous, vous demander des instructions ou recevoir des conseils de votre part.

3. Relation : Se référer à un aspect de votre relation actuelle.

4. Révélation de soi : Divulguer quelques informations sur soi-même (motivations, valeurs, émotions, goûts, etc.).

N'oubliez pas d'interpréter les indices non verbaux et le langage corporel des personnes avec lesquelles vous interagissez lors d'événements. Observez leurs gestes, leurs expressions faciales, le ton de leur voix et leur posture. Vous devez également adoucir votre langage corporel lors d'une conversation, afin que votre communication ne soit pas interprétée comme agressive.

Vous devez chercher à offrir une expérience positive à la fois pour vous et pour l'autre partie. Souriez davantage, tenez-vous droit et montrez-vous enthousiaste (c'est très important). Aimeriez-vous discuter avec quelqu'un qui semble s'ennuyer ? Bien sûr que non !

En plus de l'enthousiasme, intéressez-vous à ce que les gens disent en les écoutant attentivement. Participez activement, soyez positif, amical et chaleureux. Devenez la personne avec laquelle tout le monde aime entrer en contact.

Un autre moyen de réussir vos *small talks* est d'entretenir la conversation en posant des questions ouvertes. Les questions sur le temps qu'il fait ne sont pas ouvertes ; ce sont des questions directes qui ne mèneront pas à des discussions passionnantes. De même, évitez les sujets controversés qui suscitent des réactions trop passionnées (par exemple, la politique et d'autres thèmes défavorables).

Ne vous laissez pas déstabiliser. Voici un conseil qui peut vous aider à trouver un équilibre : liez l'amorce de la conversation à l'occasion, à l'événement ou au lieu. Parlez du décor, des couleurs, de la raison principale de la partie, de l'organisation, etc. Vous serez ainsi sur la voie de la prudence, mais aussi celle de la stimulation.

Parlez de vos hobbies, de l'art, de ce qui a conduit votre relation à l'événement et de la manière dont vous avez connu l'hôte. Ce sont des sujets qui inspireront une conversation passionnante entre vous et la personne que vous rencontrez. Anticipez les sujets de conversation afin d'éviter le stress. En vous préparant, vous serez prêt à toute éventualité. Ne vous concentrez pas uniquement sur le contenu de la conversation, et n'oubliez pas de la conclure de manière appropriée. Lorsque vous terminez la conversation de façon adéquate, vous ouvrez la voie à d'autres discussions. Si vous rencontrez à nouveau la personne, vous pourrez tous deux reprendre la conversation là où vous l'avez laissée.

Vous pouvez vous montrer proactif en envoyant un message de suivi peu de temps après pour maintenir le lien. Avec un suivi approprié, vous pouvez construire de nouvelles relations durables en tant qu'adulte à l'ère numérique.

Nous avons partagé énormément d'informations jusqu'à présent, et j'espère que vous êtes prêt et motivé à aller de l'avant ! Surtout, soyez très fier de mettre en pratique les connaissances acquises, car quelle est l'utilité d'une information si elle n'est pas appliquée ?

Telle devrait être votre formule pour aller de l'avant : LIRE = INTÉRIORISER = EXÉCUTER = RÉPÉTER !

Je vous souhaite une excellente continuation.

RÉFÉRENCES

Amintro. (2019, 30 juillet). The Art of Small Talk: How to Start and Keep a Conversation Going. Consulté le 4 novembre 2019, à partir de https://www.amintro.com/life/art-small-talk-start-keep-conversation-going/

Bridges, F. (2019, 25 avril). How To Be Better At Small Talk. Consulté le 4 novembre 2019, à partir de https://www.forbes.com/sites/francesbridges/2019/04/25/how-to-be-better-at-small-talk/#318291135ca5

Cann, J. (2018, 31 mai). Stop Overthinking and Never Run Out of Things To Say. Consulté le 4 novembre 2019, à partir de https://goodmenproject.com/featured-content/stop-overthinking-never-run-out-things-say-lbkr/

Craig, B. (2010). Small Talk for Big Sales. Consulté le 4 novembre 2019, à partir de https://www.sellingpower.com/2010/02/02/8361/small-talk-for-big-sales

Eduard. (2012, 30 avril). The Best Conversation Starters. Consulté le 4 novembre 2019, à partir de http://conversation-starters.com/

EnglishClub. (2019). Small Talk Practice 2: At the Office. Consulté le 4 novembre 2019, à partir de https://www.englishclub.com/speaking/small-talk_practice2office.htm

Frost, A. (2019, 24 juillet). The Ultimate Guide to Small Talk: Conversation Starters, Powerful Questions, & More. Consulté le 4 novembre 2019, à partir de https://blog.hubspot.com/sales/small-talk-guide

Hammond, A. (2018, 8 février). Keep Conversations Flowing With the FORD Method. Consulté le 4 novembre 2019, à partir de https://curiosity.com/topics/keep-conversations-flowing-with-the-ford-method-curiosity/

Hertzberg, K. (2017, 20 juin). Small Talk 101 for Shy People in the Office. Consulté le 4 novembre 2019, à partir de https://www.grammarly.com/blog/small-talk-tips-for-introverts/

Johnson, P. (2016, 11 août). 7 Ways to Make a Big Impression with Small Talk. Consulté le 4 novembre 2019, à partir de https://www.heysigmund.com/7-ways-to-make-a-big-impression-with-small-talk/

Khuu, C. (2018, 8 octobre). 15 Tips to Get Better at Small Talk. Consulté le 4 novembre 2019, à partir de https://www.success.com/15-tips-to-get-better-at-small-talk/

Notas, N. (2019, 25 avril). What to Say After "Hello". Consulté le 4 novembre 2019, à partir de https://www.nicknotas.com/blog/what-to-say-after-hello/

Schiffer, V. (2019, 13 juin). The Art of Misunderstanding & The 4 Sides Model of Communication. Consulté le 4 novembre 2019, à partir de https://medium.com/seek-blog/the-art-of-misunderstanding-and-the-4-sides-model-of-communication-7188408457ba

Sedghi, A. (2019, 11 février). 37 Conversation Starters That Make You Instantly Interesting. Consulté le 4 novembre 2019, à partir de https://www.readersdigest.ca/health/relationships/interesting-conversation-starters/

Smith, J. (2013, 11 mars). 10 Nonverbal Cues That Convey Confidence at Work. Consulté à partir de https://www.forbes.com/sites/jacquelynsmith/2013/03/11/10-nonverbal-cues-that-convey-confidence-at-work/#1f5b763f5e13

The Art of Small Talk. Body. Body language. Consulté le 4 novembre 2019, à partir de https://www.the-art-of-small-talk.com/bodylanguage.html

www.ingramcontent.com/pod-product-compliance
Lightning Source LLC
Chambersburg PA
CBHW070118030426
42335CB00016B/2192